U0693015

| “幸福城记”丛书编委会 |

冯瑛冰　洪庆华　罗卫东　王啟广
吴红列　黄　琳　郁全胜　杨　天

幸福
城记
THE JOURNAL OF HAPPIEST CITY
丛书

大城幸福志

中国幸福城市杭州研究中心
中国幸福城市实验室
编

HAPPIEST CITY

| 读城识幸福 |

ZHEJIANG UNIVERSITY PRESS
浙江大学出版社

图书在版编目（CIP）数据

大城幸福志 / 中国幸福城市杭州研究中心，中国幸福城市实验室编.—杭州：浙江大学出版社，2021.5
ISBN 978-7-308-21302-8

Ⅰ. ①大… Ⅱ. ①中… ②中… Ⅲ. ①城市建设—研究—中国 Ⅳ. ①F299.2

中国版本图书馆CIP数据核字（2021）第075194号

大城幸福志
中国幸福城市杭州研究中心　中国幸福城市实验室　编

策划编辑　吴伟伟
责任编辑　陈　翩
责任校对　丁沛岚
封面设计　雷建军
出版发行　浙江大学出版社
（杭州市天目山路148号　邮政编码　310007）
（网址：http：//www.zjupress.com）
排　　版　杭州林智广告有限公司
印　　刷　杭州高腾印务有限公司
开　　本　710mm×1000mm　1/16
印　　张　13
字　　数　185千
版 印 次　2021年5月第1版　2021年5月第1次印刷
书　　号　ISBN 978-7-308-21302-8
定　　价　49.00元

版权所有　翻印必究　印装差错　负责调换
浙江大学出版社市场运营中心联系方式：0571-88925591；http：//zjdxcbs.tmall.com

序　一

幸福城市研究，一项幸福的事业

和人类文明相伴而生的城市并非新命题，关于城市利弊的讨论却不绝于耳，各种观点可谓汗牛充栋。但过去的10年甚至20年，舆论似乎只关注城市的一个侧面——大城市病，环境污染、交通拥堵等成为描绘大城市的“专业词汇”。事实果真如此吗？

以环境保护为例，哈佛大学经济学家爱德华·格莱泽（Edward Glaeser）在《城市的胜利》一书中指出，标准的郊区家庭比都市家庭每年多排放6吨二氧化碳。他由此认为，高密度的城市生活有利于保护自然生态。中国经济学家陆铭认为，“城市人口增长极伴随着更严重的污染”是对城市发展的一种成见。在《大城市更不环保吗？——基于规模效应与同群效应的分析》一文中，他指出：从宏观层面看，人口集聚会使城市排污产生规模效应，从而减少人均排污量，同时在控制了经济发展指标之后，人口规模与污染指标之间并无相关性；从微观层面看，新进入城市的移民受原住居民的同群效应影响，反而增强了环保意识，提高了环境知识水平，而且大城市的同群效应更强。所以，他的结论是——大城市的发展恰恰有利于实现环保目标。

诚然，我们也不能忽视快速城市化带来的城市人口膨胀、建筑密度过大、交通拥堵等问题。如何解决？关键在于科学认识城市，探寻城市发展的规律，提升城市治理能力和水平，实现城市的高质量发展。

幸福城市研究为推动城市高质量发展提供了全新的视角。用城市居民对所在城市的幸福感受来测量城市发展水平，符合社会发展的一般规律。因为，幸福是人类发展的终极目标，城市是人类文明的核心舞台，当幸福的纵坐标嵌入城市的横坐标时，一个旨在提高个人以及城市整体幸福的新领域——幸福城市学，初现雏形。

以幸福城市为研究对象，需要明确两个层面的需求。首先是理论层面。让人民感受幸福是人类文明演变的永恒基调，城市作为人类文明发展到一定阶段的产物，是人类追求幸福生活的重要载体。因此，厘清幸福城市的含义、弄清幸福和城市之间的关系，对我们探索幸福城市的建设规律至关重要。其次是实践层面。城市发展具有不平衡性，这不仅体现在不同城市不同的发展水平上，也体现在同一城市不同的发展维度之间；而即便是在同一城市，可能也会出现城市建设的速度超过人的生活质量提升的速度。这是幸福城市研究需要关注的现实问题。

以幸福城市为研究对象，还需要关注三个方面。

第一，对幸福城市的测量应该是科学的、系统的。新华社《瞭望东方周刊》与瞭望智库共同主办的“中国最具幸福感城市”调查推选活动，从 2007 年启动，迄今已连续举办 14 届。通过大数据采集、问卷调查、材料申报、实地调研、专家评审等方法进行，最终调查结果以公众主观调查与客观数据调查相结合、专业评审委员会共同确认的方式产生。评估结果主要包括不同城市的总体幸福度和具体幸福度，从而构建了较为科学的幸福城市指标体系。

第二，探寻幸福和城市之间的关系，寻求幸福城市建设的一般规律，即研究影响城市幸福感的客观因素。幸福城市的研究重点不是设计指标体系，而是找到那些影响城市幸福感的客观因素。强调这一点，是因为幸福城市有自身的发展规律，按照这个普遍规律制定决策，同时避免一些地方政府把幸福城市的研究成果当作执政资源，是城市直面该研究的正确姿态。唯有如此，幸福才不贬值。

第三，既要重视当下的研究，更要着眼于未来。幸福城市既是目标，也是过程。营造幸福城市，不仅要考虑城市个体当下的幸福，也要考量城市居民未来的幸福。在这个期许下，研究幸福城市的可持续发展，必须树立“以人民为中心”的城市高质量发展观。

幸福城市研究才刚刚起步，面临诸多挑战，但迄今为止连续进行14年的“中国最具幸福感城市”调查推选活动，提供了丰富的实践案例。在庞大的幸福城市“蓄水池”里，本书选择较为突出的几个城市，作为案例进行推荐，凸显出幸福城市研究的最大公约数，也一定程度上体现了创新、协调、绿色、开放、共享的城市发展理念。

幸福城市研究，一项幸福的事业，或许并非坦途，但有幸福的前途。

瞭望周刊社总编辑、党委书记　冯瑛冰

2021年4月

序　二

以居民个体的幸福感为中心建设和经营我们的城市

我出生在农村，但过去几十年的大部分时间里，都生活在大城市，因为工作关系，也走过国内外很多的大城市。不过，坦率地说，以前对城市的了解和理解都不够。到浙大城市学院工作以后，深感要做好自己的工作，需要补一补认识城市这门课。利用写这篇序言的机会，把自己对城市经营的思考简单地说一说。

所谓最具幸福感城市，就是居民幸福感最强的城市。本质上就是居民个人作为一个主体，在一座城市中产生的感觉、形成的能力和塑造的品质。幸福感城市的建设，归根结底，就是培育幸福主体；就是让生活于城市的个体既能够拥有真正的感受力，又能保持很好的发展性与成长性，并且具有良善的品行。

我们国家的城市化进程很快，城市化程度还在持续提高，将来应该会达到更高的水平，尤其是沿海发达地区如珠三角、长三角一带的城市，大城市、中心城市、城市群的人口聚集度会极高。城市已经成为大多数人终身生活与发展的平台。城市能否给人带来幸福感，就成为衡量一个国家能否给人民带来幸福感的标尺。

城市应该成为居民感知幸福的基本场景。城市的软硬件设施的建设管理水平和各类服务水平，城市自然生态与人文生态环境的品质，城市给人带来的工作和生活体验以及审美感受等，是居民幸福感的决定性的外部条件。

城市应该成为居民发展幸福生活能力的重要场域。教育、医疗、就业，生产、消费、投资，居民从事现代生产与生活所必须具备的能力，应该是幸福生活的基本能力，要在城市这个场域得到实践、锻炼和提高。

城市应该成为一所培养居民良善品行和公共精神的大学校。它不是传统意义上的学校，而是一所没有围墙的大学校，是一个生活世界中的教育场景；在某种意义上，城市也应该成为族群融合的大熔炉。那么，我们的城市能够让人学到什么呢？能够让新一代主体，尤其是年轻人，获得什么样的教育呢？这是两个带有根本性的问题。古希腊的柏拉图、亚里士多德讲城邦与公民之间相辅相成的那种关系，在如今就转化为城市与居民之间相互成就的关系。

城市应该传播什么东西、展示什么东西、教化什么东西？城市里的各种艺术品应该怎么摆设、各式文化微景观应该怎么设计？城市中的广告牌上又应该呈现什么样的形象、什么样的人物？这涉及诸多细节，有些甚至不是细节，而是很重要的内容。杭州市区道路斑马线上的“车让人”风景，不仅是市民的一种道德行为，更是一种品德教育示范。但目前中国的绝大多数城市，都有很多需要改进的地方。例如，城市盲道不堪入目，它们被胡乱停放的自行车、电动车等挤占——对于盲人来说，这简直就是一个梦魇。此外，国内几乎没有一个城市的公交车改造出让残疾人轮椅无障碍通行的设备，而这在日本已经基本实现了。

最具幸福感的城市，应该是最把人当人看的城市，换言之，就是一切以人民为中心的城市。这究竟是什么意思呢？它应该是把每一个生活在城市里的居民当作一种需要认真对待的场景，否则在城市发展和治理中就有可能出现族群之间的歧视、压迫和剥夺问题。比如，在数字化时代，数字鸿沟和数字难民就自然出现了。一些人认为先进、适用的技术应用，对某些主体而言，却是不需要的、不便利的。强迫居民接受数字化的“宰制”，这样的城市治理就没有做到以人为本，就说不上是善治。我们绝对不能把“以人民为中心”这一理念虚化，它的终极含义应该是以所有的个体为中心，而不是随意把某个个体或某类小群体排除在人民之外。如果我们把每个个体当作场景来讨论、规划，那么以人民为中心来创造城市的幸福感，就不仅是具体的而且具有可操作性。

尤为重要的是，在城市生活的那些弱势群体和边缘群体，比如老弱病残和外来务工人员，他们的感受往往就界定了城市文明和城市幸福感所能够达到的高度，这是一件非常明确且严格的事。我有一个断言：一座城市的治理，使得能享受到现代城市文明的居民自身的社会层次越低，则它所达到的文明程度就越高。如果一座城市让那些身体不自由者和社会底层都能获得做人的尊严和生活的便利，那么这一定是一座能让所有人都产生幸福感的城市。

中国共产党的执政理念是执政为民，是一切以人民为中心。在城市治理中，也必须把每一个居民的幸福当作基础设施建设、制度与政策设计以及各类服务所围绕的主轴，打造幸福标杆城市的工作必须围绕生活于或者将要生活于这座城市的主体来展开。他们将从便利中得到愉悦，在认同中感到欣慰，收获实现创业梦想那般的高峰体验，体验到这一辈子最想过的生活，直至在城市里安然终老。城市幸福感是由点点滴滴的小场景构建起来的，是由每一个居民的感受综合而成的，体现于多样性的物质文化生活和时空细节中。所以讨论这件事，一定不能有浮泛潦草的态度，不能大而化之，更不能抱着技术精英和权力精英的傲慢，仅仅以供给者的视角去看问题。我们固然需要有整体的规划与设计，但它必须能够回应居民个体的诉求。只要我们的城市管理者和服务者心中装着具体的人，力图从满足个体的幸福感诉求出发考虑问题，那么就一定能更加容易地发现许多需要改进的问题，也更容易找到城市建设与发展中的短板和痛点。在这个意义上说，最具幸福感城市的建设也一定是一个发扬民主的过程。我记得十多年前，杭州曾经提出“民主促民生”的理念，我觉得这个理念也是适用于营造城市幸福感这件事情的。

近些年来，中国城市的发展中出现了一些有意思的案例，非常值得关注，尤其是那些被纳入“中国最具幸福感城市”榜单的城市，更应该作为现象级案例重点考察。中国幸福城市杭州研究中心、中国幸福城市实验室精心策划的“幸福城记”丛书，旨在结合“中国最具幸福感城市”评选活动，进行理论与案例研究，探索幸福城市的共性与个性，形成科学合理的评价体系，传播幸福城市建设的经验，这是很有意义的工作。

是为序！

浙大城市学院校长　罗卫东

2021年4月15日

目　录

杭州

HANGZHOU

城市说

杭州：数字化，为幸福“加码”

这是一场努力实现人民对美好生活向往的大变革。

习近平总书记在2014年新年贺词中说：“我们将在改革的道路上迈出新的步伐。我们推进改革的根本目的，是要让国家变得更加富强、让社会变得更加公平正义、让人民生活得更加美好。”

在新时代改革的宏大布局中，人民的获得感是改革的含金量，人民的幸福感是衡量“全面小康”的重要指标。

多年来，秉持浙江精神，从“美丽的西湖破烂的城市”到“独特韵味别样精彩世界名城”的转身，从基本温饱到小康再到富裕的跨越，杭州，向来是中国改革开放的先行地，更是推进全面深化改革的“弄潮儿”。

先行先试，创新体制机制，需要果敢与担当，更需要开拓与挑战。

从“一号工程”到“数字经济第一城”，再到“全国数字治理第一城”，当“数字”与“幸福城市”完美邂逅，将碰撞出怎样的火花？实践证明，“民意”串起了全面深化改革的时代主轴，串起了杭州的发展脉络，串起了“奔小康”的步伐。

“最多跑一次”改革

刀刃向内，改革激活满池水

制度层面的改革，有着最深厚的力量。

2019 年 7 月 5 日，习近平总书记在深化党和国家机构改革总结会议上说：“形势在变、任务在变、工作要求也在变，必须准确识变、科学应变、主动求变，把解决实际问题作为制定改革方案的出发点，把关系经济社会发展全局的改革、涉及重大制度创新的改革、有利于提升群众获得感的改革放在突出位置，优先抓好落实。”党的十八大以来，全面深化改革让当今中国的政治体制进入制度化、规范化、程序化的历史新阶段。

而这并非易事。

每一个事项提出，都“针针见血”；每一个新事物的诞生，都“刀刀见肉”。它们是一面面镜子，映衬出改革的艰难，也记录着改革的突破。

一张房产证的三次“自我革命”

改革自有磅礴之势，但亦有脉脉温情。“最多跑一次”改革带来的成效，是显而易见的，办事群众和企业的获得感是真真切切的。

2016 年 6 月 1 日，杭州市第一本不动产权证在市民中心颁发，开启了全市不动产统一登记的新征程。同年 11 月，杭州市不动产登记服务中心窗口负责人傅佳卿开始到市民之家工作。

“办理不动产登记涉及国土、房管、地税 3 个部门，虽然同在一个楼层，办事群众却要去 3 个窗口、取 3 次号、排 3 次队，才能拿到房产证。”一个事项的办理，却要走 3 遍流程，怎样才能让老百姓办事更便利？

群众的诉求，就是改革的方向。2017 年初，市委、市政府将不动产登记纳入“最多跑一次”改革，由市国土资源局牵头加快克难攻坚、重点突破。

“国土作为牵头主导部门，开始紧锣密鼓协调对接工作。住保房管、税务和国土 3 家单位的负责人经常坐在一起头脑风暴，理顺一个个堵点、难点和具体细节。”傅佳卿回忆道，“那时 3 个部门连轴转地开会，经常晚上加班做测试，连休息的时间都取消了。”

2017 年 4 月 5 日，不动产登记全新办事流程正式上线，实现了取 1 次号、排 1 次队、用 1 小时完成不动产登记，标志着不动产登记完成了第一阶段的改革。

全新的办事流程，需要的不仅是窗口形态设置和后台运作流程的调整，更需要 3 个部门工作人员的协调配合。“白天忙窗口服务，晚上忙业务培训和系统调试，日均上千件的业务受理量，窗口的小伙伴们走路都是小步快跑。”傅佳卿说，“但看到群众办事满意而归的笑容，就觉得一切都值了。”

“红本本”是每一个不动产登记中心窗口办事人员的“标配”。这个红色笔记本里记录着市民的办事感受，有真诚的感谢，有遇到的问题，也有提出的质疑。“既然 3 个部门都坐在一起了，为什么还要提交 3 套材料？”有市民在“红本本”里写下了这样的问题。

如何把 3 套材料合并成 1 套材料？既要保证 3 个部门依法履职，又要确保不动产权利人合法权益，怎样才能在依法规范的同时，实现群众办事减负？随着新问题的产生，不动产登记改革也进入了第二阶段。

“我们主动把档案受理的工作揽了过来，局里牵头开发了‘一窗受理’平台。联办业务由国土资源部门统一收件，统一录入审核数据，再将数据同步推送给住保房管和税务部门，三部门同步审核，审核结果实时共享，交易确认、纳税一旦完成即时登簿。审批过程形成的卷宗，由我们统一保管。”傅佳卿介绍说。

2017 年 12 月 25 日，不动产交易登记“一套材料、一个系统、一窗受理、一小时办结”率先在主城区 10 个不动产登记办证点实现。

“不动产登记窗口是社会的一个缩影，作为窗口办事人，必须有爱心、耐心、理解心，把办事群众的一言一语放在心里考虑。”傅佳卿颇有感触，“如今，不动产登记迎来了第三阶段的改革。这一过程中，将充分利用大数据和信息化建设的技术手段。”市国土资源局即将与九大银行签订政银战略合作协议，全面推出不动产抵押登记全流程网办，实行银行信贷管理和不动产登记“一件事”，让企业和群众体验“一证通办”“一站式服务”。

“改革的成效不能是政府部门自说自话，而要靠老百姓来评价，老百姓的获得感最能说明改革的成效和意义。”

“和之前的改革不同，‘最多跑一次’改革直接由老百姓提需求，以办事群众和企业的需求为改革导向，老百姓不仅是改革的获益者，更成为改革的参与者和推动者。”市编办行政管理体制改革处处长鲍剑光说，“浙江一直都有着浓厚的改革氛围，这使得浙江的干部群众对改革的意愿更强，对改革的认同感也更强。”

重塑政企关系、方便办事群众，把“窗口”当作改革的“主场”

在处理好政府和市场关系的努力中，行政审批制度改革，是触利益、动格局的改革，是一场刀刃向内的自我革命。

2020 年 3 月 2 日，杭州政商“亲清在线”数字平台正式上线。平台实现五大功能，分别为企业诉求在线直达、政府政策在线兑付、政府服务在线落地、政策绩效在线评价、行政许可在线实现，推动政策资金直达地方、直达基层、直达民生。

这个被浙江省委常委、杭州市委书记周江勇称为“持续推进政府自我革命”的一个载体的数字平台，能够以较小成本减少政府、市场、社会和民众之间的信息不对称，提高治理需求和供给之间的匹配度。

市场活力的迸发，源于政府在改革中归位。

“窗口怎么没有工作人员了？”到杭州市拱墅区行政审批中心办理企业地址变更业务的李女士，看到空空荡荡的办事大厅，先是有点惊讶，随后收获惊喜：不用排队、不用取号，更不用去窗口，才短短 15 分钟，就领到了新营业执照。企业方便、快捷办事的背后，是市场监管局的一番自我改革：于2020年10月底启动的商事登记审批流程再造工作，目前已实现“去窗口”审批，并正式开始服务企业。

“一窗受理、一窗通办”“‘见一次面’甚至‘不见面’办结”……“最多跑一次”改革的基础条件之一是打破部门壁垒，数据联通。它要打通的，也是改革的“最后一公里”。

如今的杭州，不止于此——实施“一件事”集成改革。全国率先推出商事登记“‘1+N’+X”多证合一、证照联办和“商事登记一网通”改革，新设企业网上办照申报率达95%以上，网上证照联办申报率达90%以上。工业项目审批实现“小时制”，工业项目全流程审批的9个工作日，压减到9个半工作小时；开办企业实现“分钟制”，2019年杭州已实现开办企业“5210”标准，即不多于5份材料、2个环节、1日办结、政府买单零费用。全省率先运行投资项目在线审批监管平台3.0版；率先实现不动产登记60分钟、“最多跑一次”，“标准地”、工业厂房、仓库实现当天受理、当天领证……

让“数据”多跑路，让群众少跑路。在公共服务领域，这样的场景还有很多——依托浙江政务服务网、浙里办App和杭州办事App，公民个人事项92.56%实现“一证通办”，一张身份证可办理585项个人事项；35项公民个人、40项企业“一件事”联办事项实现“网上办”“掌上办”“一窗办”，全省率先实现收养登记、人才居住证办理、大学生创新创业等“一件事”联办；建成“15分钟办事服务圈”，80%的公民个人事项“就近办理”……

无论是部门角度的多个政务事项，还是群众生活中的“一件事”，政务视角的转变，让改革迈出了一大步。

随着“最多跑一次”改革不断迈向深入，一条清晰的改革路径也由此浮现：从重点突破向系统集成转变、从行政审批向公共领域拓展、从传统审批模式向数字化管理转型、从属地办理向区域通办跨越、从标准化服务向精细化服务迭代，实现了“最多跑一次”改革、营商环境建设和政府数字化转型协同推进。

带上“数字化思维”，“机关内跑”真减负、真实用

2020 年 9 月，一键通“头雁”驾驶舱首次公开亮相。

一键通“头雁”驾驶舱由市委办公厅（政研室、改革办）自主研发并创新实行，设计并运行“1+4”模式：1 个智能驾驶场景 +4 个核心业务场景（督考联动、改革攻坚、文件办理、会议活动）。

这个驾驶舱汇聚了全市 109 家单位的党政 OA 办公信息数据，实现实时监测、动态预警，上下联动、左右协同，一键直达。“我们希望它不仅会学习、会思考，也要真减负、真实用。”市委办公厅负责人认为，这是一次对机关内部运行整体进行数字赋能的尝试，是一次对整体智治、深化基层减负的探索，也是机关内“最多跑一次”改革、政府数字化转型的实践。

“最多跑一次”改革没有局外人。为了整饬六大顽疾、提高机关效能，2019 年 2 月，杭州市机关内部“最多跑一次”改革在全市正式启动。

“十三五”期间，市本级 99% 机关内部事项、100% 高频事项实现“最多跑一次”，办事材料精简 32%、办事时间压缩 50%；市级部门间协同办事系统上线运行，打通党政 OA 系统、编制实名制信息系统、财政办事 E 平台等 11 家单位 26 个信息系统；政府数字化转型网上办、掌上办、电子化率 3 个指标均达 100%……这场刀刃向内的改革，带上“数字化思维”，让部门之间、上下级之间联动起来、协同起来。

数字治理“杭州方案”

城市大脑让城市更智慧，让生活更美好

人民提升幸福感的重要保障之一，是在家门口就能享受到优质的公共服务。

动动手指，就能办社保、摇车牌、取公积金；在社区，一部手机、一个

二维码，即可实现全流程纠纷调解；城市健康绿码在手，通行无忧；在网上预约挂号，即可获得前往医院的最优出行方案……这些发生于杭州的真实生活片段，正是杭州用深厚的数字创新“浓度”，激发城市发展活力的真实写照。

城市数字化输出的“杭州方案”，正是杭州把人民对美好生活的追求摆在城市建设和治理的第一位，展现着精细治理的新路径。

2020 年 3 月，习近平总书记在浙江考察时，专程来到杭州城市大脑运营指挥中心。他指出，让城市更聪明一些、更智慧一些，是推动城市治理体系和治理能力现代化的必由之路，前景广阔。

从杭州火车东站实现“未来枢纽”的蝶变开始，杭州公共场所服务效能大提升，正向交通场所、旅游景区、图书馆、商圈、市场、体育场馆、医疗机构、车辆检测站、公共厕所等 9 类与百姓民生福祉密切相关的公共场所延伸扩面。

这场杭州全面深化改革的重头戏，始终贯穿了“数字”二字，始终体现了“人的需要”“人的感觉”“人的满意度”。

数智杭州，宜居天堂。“数智”怎样融入一流公共场所的打造中？服务便利化、智慧化、人性化、特色化、规范化的“宜居”又是怎样练就的？

从 5 秒到不足 1 秒，一场“撤杆”行动背后的数字化改革

2020 年 12 月 29 日 0 时起，杭州火车东站 6 个地下停车库及 P 西停车场的道闸杆全部拆除，火车东站停车迎来“无杆时代”，吹响了杭州停车场“撤杆”行动的冲锋号角。

撤杆后，速度有多快？在东站 P6 停车场 19 号电梯的出口，乘车以规定速度往新塘路出口驶出，在闸机口会遇到 2 条减速带，无须踩刹车，没有阻滞，顺利通过收费闸机。一段四五百米的距离，用时 1 分 18 秒。

“无感”离场的秘诀在于，车辆在离开“无杆停车”停车场的瞬间，停车系统能同步完成 AI 视觉识别及计费，出场速度从此前“先离场后付费”模式

的 5 秒，缩短到不足 1 秒，最快可实现 0 秒。

撤杆后，停车费用怎么付？当车辆驶入停车场时，停车系统会对车牌进行自动识别和数据交互；离场时，车主可通过便捷泊车（先离场后付费系统）、Q-Parking、ETC 等线上方式快速便捷地支付停车费用。同时，停车场在出口处也设置了人工现金窗口和自助收费机，以方便没有开通线上支付渠道的群众。

停车从"有杆"到"无杆"，这个小小的"撤杆"行动背后，是多方数据的打通共享，是几种支付模式的集成。换句话说，只要你手机绑定了便捷泊车、Q-Parking、ETC 中的任何一种，就可以享受"无感"畅行，便捷离场。

"'无杆'给市民朋友提供了多种支付选择，同时也更有效地增加了车库的周转率。"东站管委会相关负责人说，"一直以来，停车都是群众最关注的问题之一。解决好这个问题，才算是打通了老百姓的'堵点'和'痛点'，提升老百姓的生活品质感。"据悉，东站地下停车场是杭州日均进出流量最大的停车场库之一，也是群众停车体验感最明显的停车场库。

"'撤杆'是小事，方便群众是大事。便捷的同时，'快进快出'也带来了一系列管理方式的变化。"这位负责人说，这对车库后期的运营和治理也是一个不小的挑战：一是要应对"多"的问题，进入停车场的门槛降低，更多类型的车辆将会进入，这就需要地面职能部门的协同跟进，由地面向库内延伸；二是要应对"快"的问题，速度快了，安全和管理就得跟上；三是"秩序"的维护，如何应对短时大流量和纠纷，对相关部门的应急处理能力提出了更高的要求。目前，公安、交警、运管等部门，正着力完善大客流出入库应急预案，加强场库及周边道路交通引导，为撤杆后有序安全运营提供有力保障。此外，对于忘记付费或因紧急情况先离场的车主，目前已经实现通过点对点短信提醒及时付费，后续还将采用"精密智控 + 信用监管"等方式，避免逃费等行为发生。

作为杭州的"窗口"，东站服务提升本身就是一个整体。2019 年以来，东站逐步推进停车场库标识优化、硬件提升、智慧改造、"先离场后付费"等工作，为火车东站一举实现停车从“有杆”到“无杆”跨越打好了基础。“这是我们敢于‘撤杆’的底气。”该负责人说，“市民游客到东站来，在外部能抬头见车位，道路上标识清楚、分流合理，内部车库的周转率提高，这样‘无杆’停车的高效运转才能真正起到作用。”

目前，现场仍有收费员和安保在道闸机口指挥通行，据停车场管理人员介绍，这是“无杆”停车刚开始施行的“阵痛期”，许多车主还不清楚、不习惯，且使用扫码支付的大多为外地车辆。

“未来，车库的管理就是数字化、全流程。‘智停’+‘智治’才能真正体现‘数智杭州’的全貌。”杭州市数字资源管理局数据资源处处长齐同军对未来非常有信心，“火车东站停车场是杭州规模最大、流量最多，也最复杂的单体停车场库，它在停车领域数字化改革的‘一小步’，是杭州公共场所‘无杆停车’向前迈进的‘一大步’。”

数字赋能，交通公共服务全面“开挂”

便捷的出行方式，关乎这座城市每一个人的幸福感与获得感。而城市大脑飞快地运转起来，为不同场景的市民出行提供了不同的解决方案。

市民小陈每天都要在体育场路公交站点乘坐 28 路公交车去上班。站点的电子显示屏上，公交车还有多少分钟到站一目了然，触碰电子显示屏上的查询按钮，就能知道周边公共自行车在哪儿，甚至公交换乘信息，在方寸之大的显示屏上也能迅速获知。

公交站点如此“聪明”，得益于“建改智”工程。2020 年，杭州交通启动“公共场所服务大提升”活动，其中一项就是公交站点“建改智”。“建”是落实 50 个城市公交停靠站和 320 个农村港湾式停靠站新改建任务，城市建成区 500 米公交站点覆盖率达到 98% 以上；“改”是改建公交候车亭不少于 200 座、公交站架 300 座；“智”是指开展智慧站点建设试点，推出 150 个公交电子站牌，实现车辆运行信息 LED 显示屏实时播报和二维码扫码查询功能。

此外，作为“最多跑一次”改革延伸覆盖的重点所在，无缝换乘的模式，已然在火车站、汽车站、机场、码头、地铁站等公共交通场所铺开。

在医院及周边，停车难曾让市民头疼不已。2020 年，杭州通过“一院一方案”来破题。每家医院位置不同、周围环境不同、患者类型不同，因此要有针对性地设计停车解决方案。比如，杭州市中医院武林院区地处城区繁华中心地段，过去这里每天车流量巨大，“停车难”问题十分突出。在占地 33 亩的医院里，仅有 166 个车位。但是现在，医院利用城市大脑，智慧引导患者到周边停车场，同时还在周边路段重要节点设置了 8 块醒目的交通引导牌，让前来医院的人“抬头见泊位”，告知其“最快停哪里”，减少路面拥堵。

在景区，尤其是西湖和西溪“双西”景区，曾经有很多市民游客说：“不是在堵车，就是在堵车的路上。”为了让市民游客在核心景区“进去通、出来畅”，西湖风景名胜区交警部门针对雷峰塔区块、九溪区块、龙井村区块、断桥景点等交通堵点，精准实施外围停车诱导、优化信号灯等多种交通管理措施，同时加大对违法行为执法力度，努力缓解景区交通状况。

同样的停车问题，在商圈场景中也“肉眼可见”地得到改善。

2020 年 6 月起，被誉为“城市窗口”“杭州中心”的武林商圈竖起了 17 块电子屏幕，商圈内 8 个公共停车场、库的 2685 个车位的信息都动态显示在上面，哪儿有车位，还剩几个车位，哪儿车位满了，一目了然。商圈预期平均泊位指数同比上升 34%，平均调头率下降 65%，平均延误指数下降 7%。更让市民欣喜的是，武林商圈内打造“通停通付”模式，打通了商场与周边楼宇停车资源配置，有效解决了“先离场后付费”系统与商场优惠券的兼容问题，实现了商场会员系统、车场系统与城市大脑停车系统的成功对接。

智慧“游”“购”，打造“诗和远方”

杭州作为一座旅游城市，对外地游客非常友好。在杭州公共场所服务不断提升的背景下，游客的出游效率节节攀升，出游体验渐入佳境。

安徽的王小姐来到杭州游玩，站在西湖边，她打开了“找空房”小程序，10 秒就搜索到了附近的酒店空房。选定了酒店，去前台办理入住，通过自助入住机，扫描身份证，30 秒就拿到了房卡。住的事情安顿好了，王小姐游玩的第一站是六和塔景区，她打开支付宝，在门口的闸机上扫付款码后直接入园，整个过程时长不超过 20 秒。王小姐不禁竖起了大拇指："杭州的'智慧'体现在了每一处细节，旅游体验感简直太棒了！"

为了系统推动西湖和西溪"双西"一体化有机融合、全域提升、持续创新，全方位、全领域增强群众满意感和获得感，2020 年 8 月起，数字化改造成为西湖和西溪"双西"服务大提升的一大重点。只要下载全新升级的掌上西湖 App，就能跟着它畅游西湖和西溪两大景区。打开 App，"无忧吃"板块，有推荐的精品餐饮商户；"便捷住"板块，接入 40 余家景区特色精品民宿酒店；"舒心行"板块，提供西湖和西溪停车场等相关信息及在线导航、余位查询功能；"放心购"板块，让你放心购买"双西"特色文创产品。值得一提的是，结合"双西"景区的江南韵味和文化底蕴，全新推出了西湖爱情、西湖秘境、西溪洪园 3 条精品语音讲解游线。"双西"景区成为更智慧的"人气王"。

除了智慧游，还有智慧购。

商圈智慧化改造，是对杭州商业群体新考验的回应，也是对百姓消费力、满意度的回应，更多精准服务也给商圈的魅力大大"加分"。武林广场西侧，停了一辆冠名"武林广场便民服务点"的小车，它可是一辆"百事通"。进到车里，正中央的一块信息大屏上，有着智慧武林商圈停车、公厕、党群服务、地铁、单车租赁、母婴室、景区景点、公交邮政、医疗服务、警务室等 10 种便民应用，手指点点就能查遍商圈的角角落落。而在湖滨商圈，数字赋能调控业态布局，大数据成为服务实体经济的有力手段。

一部手机，诠释"人间天堂"新概念

大到看病、办社保，小到买菜、借书、定制通勤巴士等，在杭州，手机的功能强大到可以让你轻松出门做很多事，几乎涵盖生活的方方面面。

市民吕阿姨有心血管疾病，需要定期去医院复检。过去，吕阿姨总需要儿女陪伴在侧，帮忙跑跑腿。如今，吕阿姨拿着一部手机，自己就能独自上医院。2020 年 4 月起，杭州健康码“我去就医”功能再次升级，打开杭州健康码，从验码进医院到挂号取号、就诊、缴费、医保结算、取药、换取发票，实现“一码就医”，极大提升了患者看病就医体验。

此外，“舒心就医·最多付一次”服务也让市民真切感受到看病的便捷。在授信额度内，看病无须先付费，直接检查、化验、取药、治疗，就诊结束后通过手机、自助机等方式完成一次性付费。据统计，舒心就医累计服务 4524 万人次，平均使用率达 85.61%。

清晨，住在之江花园的王阿姨来到彩虹农贸市场买菜。作为杭州第一批“五化”提升创建市场，每个摊位前都设置了菜价、商户信息、支付方式集成屏幕。在水产摊位前，王阿姨挑了一条黑鱼，拿出手机扫码支付，还顺便查看了菜品源头。“隔着玻璃板就能看到食材的处理过程，还可以追溯菜品源头，买菜就是要买个放心！”

家住丁桥的大二学生夏同学时常会到杭州市图书馆借书。他对图书馆推出的“一键借阅，满城书香”服务显得特别兴奋：“以前借书会碰到网上显示有书，但在馆内找书费时的情况，有了‘悦借’平台，我可以网上直接预约、在家坐等了，节约了好多时间。”和以前一样，快递费 3 元起步，每多借 1 本加 1 元，仅是同城常规快递费的 50%，大大降低了市民和读者还书的交通成本和时间成本。

王先生的车子要去年检，他来到位于瓜沥的萧山车辆综合性能检测站，把车钥匙交给工作人员后，在服务大厅等了大约半小时，车子就完成了年检。“现在车辆年检真方便，人和车来就行，其他都不用操心，工作人员全程帮办，简直太省事了！”

……

当大数据不断“赋能”，当消费、医疗、旅游、文化、体育成为全方位变革的原点，当公共场所服务不断提升，我们生活中的很多琐碎“小事”变得简单而方便，这些“润物细无声”的改变，都足以成为杭州幸福宜居的新密码，足以为 2022 年杭州亚运会的举办创造良好的社会环境，足以让生活在这里的人们幸福感“提档升级”。

社会治理“关键小事”上做大文章

当我们谈治理现代化时，应该谈什么？习近平总书记 2020 年在浙江考察时曾强调，推进国家治理体系和治理能力现代化，必须抓好城市治理体系和治理能力现代化。他还对杭州提出了期盼，希望杭州在建设城市大脑方面继续探索创新，进一步挖掘城市发展潜力，加快建设智慧城市，为全国创造更多可推广的经验。

以“头雁”精神，下“绣花”功夫，推进大城市治理体系和治理能力现代化，是杭州的使命责任，更是全面深化改革的刚需。——从城市大脑的场景运用，到矛盾纠纷的“一站式”化解，从数据高效服务与赋能人民生活，到技术创新和制度创新耦合联动，杭州正践行习近平总书记的嘱托，开辟一条“姓杭”的市域社会治理现代化路子。

精密智控，数据赋能社会治理

登录“亲清在线”平台，申请、提交、通过，没过几分钟，杭州拓腾科技有限公司的财务负责人吴义华就收到了 2.4 万余元的小微商贸服务企业补助，“速度真是快到令人意外！”通过“亲清在线”平台，杭州实现了税务、市场监管、社保等平台数据协同，通过始终在线、瞬间直达、流程再造、在线互动，政府推出的惠企政策便捷直达企业。

截至 2020 年 9 月 30 日，“亲清在线”平台已上线惠企政策 218 条，兑现资金 54 亿元，惠及 26 万家企业、74 万名员工，在线许可板块实际上线审批事项 94 项。

杭州城市大脑“民生直达”平台也正式推出，向民生领域延伸，系统自动匹配公共信息，查找服务对象，实现“政策找人”，将补助及时、精准发放到市民手上，最终实现普惠性享受公共服务“一次都不用跑”，救助政策覆盖“一个都不少”“一天都不差”。“最多跑一次”改革，方便了人民群众，激发了市场活力，更重要的是，以此为牵引，杭州各领域重点改革蹄疾步稳、深入推进，全面锻造体制机制新优势。

“在疫情防控这场大考中，杭州市、县、乡三级744名基层治理综合信息指挥力量，与各地疫情防控指挥部合成作战，3.3万余名专兼职网格员奔赴一线落实群防群控，筑起了精密立体的防疫保护网，让数据真正赋能疫情防控。”市委政法委负责人介绍。

通过综合信息指挥平台和大数据作用，各类数据在线上流转互通、运算评估，基层网格员在线下充分发挥底数清、人头熟、信息灵、指令通的优势，反应速度和处置效率变得更快，实现了“指哪打哪”、精密智控。市委政法委推进落实的安全风险防范体系，在疫情防控中得到了实战检验；而在防疫中积累的经验，也进一步完善提升了智慧治理效能。

心中有“数”才能管控有度

“习总书记说，国家治理水平的表现，应该是该管起来就能够迅速地管起来，该放开又能够有序地放开，收放自如，进退裕如，这是一种能力。这句话我印象非常深刻。”杭州城市大脑有限公司副总经理兼首席技术官申永生说，近年来，从交通领域到现在的全域治理，杭州建设城市大脑的目标就是通过数字化手段，运筹和优化城市资源，让城市运转实现收放自如。

申永生打开城市大脑疫情防控驾驶舱，以疫情管控为例娓娓道来：“疫情防控期间，基于杭州城市大脑中枢系统，我们将各部门数据协同起来。通过协同计算，即时掌控涵盖疫情动态、隔离情况、杭州健康码等100多个关键指标，摸清了底数，实现风险因素可量化衡量。在疫情转向境外输入为主后，我们第一时间将国际版健康码数据接入，辅助城市管理者科学、及时地做出决策。”他比喻说，数字驾驶舱对于城市管理者来说，就像把着方向盘的驾驶员，面前有仪表盘的即时提醒，车子才开得又快又稳。他还拿出一份机动车在途量数据研究报告，公安交警部门根据城市大脑交警系统数据推出了有序恢复高架、快速路工作日高峰时段错峰限行的时间。这背后是城市大脑的数据在辅助政府管理部门进行决策，只有做到了心中有“数”，才能管控有度。

他认为，杭州城市大脑因治而生，因用而兴，因势而变，既能有效全面支撑城市日常运行管理，又能够支持应急管理应用的快速开发和数据协同需求，日益成为城市治理体系和治理能力现代化不可或缺的新的数字基础设施。

作为接入城市大脑的街道层面治理模式，拱墅区小河街道的“城市眼云共治”已经是基层数字治理的一张名片。小河街道党工委书记钟鸣从三方面谈了小河街道基层治理的探索和经验。

首先，管理者的嗅觉要更灵敏一点。如今，整个城市的方方面面都在发生着变化。人群流动、人员结构等这些变化的数据，需要全面掌握，这是基层治理的先决条件。这些数据，来源于摄像头等城市联网设施，依靠的是居民、物业、基层党组织、企业等的及时传递，涉及各种行业数据，例如农贸市场的人流量、蔬菜的价格等。通过这些数据，可以掌握小河街道老百姓的生活状态以及平稳程度。

掌握情况之后，就是快速反应。“发现问题之后如何处置，需要的就是运行体系，这就是‘技防’＋‘人防’。”他认为，“人防”得配上“技防”，两者结合起来才能起到“四两拨千斤”的作用。“就拿‘城市眼云共治’在和美弄做的试点来说，看上去只是用一个探头管住了一家店，但其实连带的是管住了整个街道秩序。这就是通过‘技防’来改变‘人防’的管理方式。”

此外，还要做好信息对称。“我们做的工作要取得老百姓的理解和支持，如果这一点无法做到，我们与居民间‘两张皮’，那么治理也无法成立了。”例如小河街道正在探索的网上版“红茶议事会”，未来会成为民主协商的基础。这种“前端的信息接入—云计算—线下处理”，形成整个基层治理的闭环。

“基层的痛点在于，区域内人员、情况不断变化，我们的社工一共就那么几个人却要做这么多事，如何提高工作效率，让管理和服务更精准，是社区亟须解决的问题。”钟鸣感触颇深，“社区既要‘应试’教育又要‘素质’教育，就必须借助技术的力量来提高社区治理的有效性。”

多元解纷，把矛盾化解在小、处置在早

基层是社会和谐稳定的基础。对于基层矛盾纠纷的预防和化解，杭州已经有了自己的探索和实践。

“一站式接待、一揽子调处、一条龙服务”，“最多跑一次”化解矛盾，在杭州的各区、县（市）社会治理综合服务治理中心（信访矛盾联合调处中心）均已全部实现。“总书记说要让老百姓遇到问题能有地方‘找个说法’，这个‘地方’之一就是我们这儿。”上城区信访局局长张建文谈到，建成“信访超市”，引导群众在一地咨询部门，帮助群众在一地协调问题，是贯彻“以人民为中心”理念的一项实际举措，也是浙江省“最多跑一次”改革的一次具体实践，目的就是通过多元化解、多网融合来实现群众信访“最多跑一地”和矛盾纠纷“就地化解”等目标。比如，在窗口后方设置人民调解、法律咨询、仲裁诉讼等功能区，内置“小法庭”，这样一来，一些涉诉信访就能第一时间通过专业人员的调解或引导，得到及时有效的处置，避免和减少了矛盾的发生和上导。此外，还有“机 + 人”结合的人性化服务，智能服务为主，志愿服务为辅，更人性化地、全方位地服务前来办事的群众。目前，中心着力在机制建设和智慧化管理上下功夫，为构建社会治理新格局、实现基层治理体系和治理能力现代化提供有力支撑。

“作为党和政府密切联系群众的桥梁和纽带，如何搭好这座‘连心桥’，建立科学有效的社会治理机制，帮助群众解决实际困难、化解矛盾纠纷，提高区域治理现代化水平，是当前我们需要重点研究的问题，也是践行总书记的要求。”张建文说。

矛盾调解，说到底是做人的工作。让更多社会力量参与，让解纷机制更多元、更完善，才能切实把矛盾化解在小、处置在早。

斯利民是文晖街道社会矛盾纠纷调处化解中心的驻点“和事佬”，“总书记对基层社会矛盾化解工作、对群众遇到问题如何妥善解决非常重视，对化解矛盾纠纷的多元预防机制也非常重视，充分体现了总书记对基层矛盾化解工作的重视和关心，也对我们基层调解工作提出了要求。”他感言，说到底，就是要离居民再近一点，让活跃在小区楼道的“和事佬”充分发挥熟悉当地情况的优势，反映社情民意、宣传政策法规、调解矛盾纠纷，真正做到“小事不出楼道，大事不出社区，矛盾不上交”，促进辖区社会和谐稳定。

在建德市，为了让群众诉求立此存照，村村设“最多反映一次”窗口；在淳安县安阳乡，设立微法庭，组建“信访超市”，满足不同信访诉求。同时，杭州扎实推进“雪亮工程”建设，让居民更有安全感；不断推进“四好农村路”建设，逐步消除农村发展的交通瓶颈，助力乡村振兴；建立和完善具有杭州特色的市域社会治理“六和塔”工作体系，让杭州成为首批全国市域社会治理现代化试点城市。

为让群众更有改革获得感，杭州着力在“关键小事”上做好服务民生大文章。

推进“美好教育”，率先在省内实施公办与民办小学同步招生改革；构建多层次便捷就医流程，11 家市级医院和在杭省级医院率先上线“健康医保卡”，50 家公立医院实现两卡融合应用和刷脸就医全覆盖；推进垃圾分类改革，形成生活垃圾分类处理“虎哥模式”；探索构建公共文化服务体系“1+X”模式，创新亚运市场开发机制……

一场宏大的改革在经济、医疗、教育、文化等社会的各个领域多点开花、层层深入、效应叠加，并始终与社会治理现代化同频共振。

生态文明

打造人人向往的诗和远方

在生态文明时代，不断深化生态文明建设机制创新，把杭州扮得更美，让人间天堂变得更靓，成为杭州改革的又一关注点。

2019 年 9 月 29 日上午，第一股千岛湖清流穿越 113 千米“地下暗河”，平静地从输水管中流进了闲林水库边的一只“超级碗”里。同时，淳安特别生态功能区建设宣布全面启动。

千岛湖在长三角中具有极其重要的生态战略地位。建设淳安特别生态功能区有利于推动流域生态环境共建和省际、市际交界地区合作共保，在“绿色美丽长三角建设”和全省“大花园”建设中发挥引领作用。同时，淳安也是全省 26 个加快发展县之一。建设淳安特别生态功能区，进一步打开绿水青山向金山银山转化的新通道，率先形成饮用水源保护与发展的千岛湖模式，对于生态环境良好的相对落后地区实现跨越式发展具有十分重要的示范带动意义。

对于杭州的发展而言，市委六大行动第一项就是拥江发展。千岛湖是整个杭州水系的重要源头。淳安的生态保护不仅是关系到淳安一个县的大事，也是关系到钱塘江保护与利用、关系到全市生态安全与长远发展的大事。建设淳安特别生态功能区，是拥江发展行动在钱塘江源头的深化、细化、具体化。正如杭州市委书记周江勇在淳安特别生态功能区建设推进大会上强调的：“只有守护好淳安的一湖秀水、满目青山，推动构建纵贯上下游、畅通左右岸的水生态保护体系，才能让钱塘江这条巨龙更加灵动、更具活力，把钱塘江沿线打造成为一个山水相望的大花园，为杭州世界名城建设夯实绿色本底。”

一个县全域被纳入特别生态功能区建设范围，这是一个首创于浙江的生态“特区”。生态“特区”，“特”在要探索符合特别生态功能区特点的联动共建机制，深入推进生态文明制度创新改革试验。

2020 年 6 月 24 日，杭州市推进“西湖西溪一体化保护提升”，标志着西湖、西溪正式迈入了“双西合璧”的新时代。这不仅是两个管理机制的一体化，更是一种基于把景与城，把生产、生态、生活全方位融合到一起的生态文明制度创新实践。

西湖是杭州的“眉”与“目”，西溪是“城市之肾”。两者本就水系相连、人文相通，被称为“姐妹双姝”。但西湖、西溪的一体化保护，绝不仅仅是将管理权归于一个机构这么简单。其背后，可以说是这座城市基于未来发展下的一步大棋。正如周江勇在会上所言：进入生态文明时代，自然生态和历史人文在城市价值中的分量越来越重，尤其是一些高端的创新要素，更愿意布局在城市的山水之间。

在一个千万级人口的大都市核心城区中，同时坐拥西湖、西溪这样诗画般的极品湿地，这是极为稀少的，也是这座城市独特的竞争力。西湖、西溪一直是杭州城市价值的核心体现，是杭州区别于其他城市的独特标识。

对这对“姐妹花”的建设，杭州可谓不遗余力。

2002 年，西湖风景名胜区管委会甫一成立，环西湖景区就进行了围栏拆除，拉开了杭州还湖于民、还园于民的序幕。

“姐姐”成为全国景区中突破传统、创新发展典范的同时，“妹妹”当然也没有闲着。自 2005 年开园，10 余年来，西溪建起了包含生态责任追究、生态保护考核在内的严密的保护和管理体系，制定了 3 大类 629 项标准，出台了国内第一部针对单一湿地公园的《杭州西溪国家湿地公园保护管理条例》。在这里，从车辆进出频次的控制，到餐饮油烟对空气的影响，全部有细化标准可依。

大数据、云计算与 AI 的应用，也让湿地“智慧”起来。“生态大脑”的监控下，游客预约、入园、停车和域内的安保、船只、水闸管理全都实现了数字化。

系统的保护下，西溪走出一条保护与利用双赢的路，建成国家生态文明建设示范区、水体与空气质量大幅提升、就连昆虫种类都新增了 390 种的同时，这里也成为国家 5A 级景区。截至 2020 年，西溪的累计入园游客规模达 4500 万人次，投入、产出的良性循环已形成。

可持续发展实现之余，西溪对周边区域的带动更是有目共睹：浙江大学、杭州师范大学落户湿地外围，以阿里巴巴淘宝城、海创园为代表的产业生态也飞速成长。一个直观的数据是，西溪周边的新兴住宅集聚区，现已吸纳了超 20 万常住人口。

城市的水更清、天更蓝、空气更清新，市民的生态保护意识更强，一个产权清晰、多元参与、激励约束并重、系统完整的生态文明制度体系逐步建立，生态文明建设有了科学规范和可靠保障。属于杭州、属于杭州市民的诗和远方，正渐渐拉开画卷。

两个全国首创

从方法到理念的自身改革

在改革中前进，在求变中发展。

这场改革，是一个以老百姓、以企业办事便利为目标的巨大的化学反应，是一场政府从方法到理念的自身改革：原本各自为政的数据信息要打破壁垒，要实现互联互通；原本冗杂化、碎片化的政务服务，要进行流程再造；要坚持技术创新和制度创新耦合联动，要通过开放的数据共享和高效的业务协同，让群众和企业办事从跑部门转变为跑政府。

一次司法改革最前端的先行先试：全国首创互联网法院

钱潮路 22 号，杭州互联网法院立案大厅。这里没有等着排队立案的熙熙攘攘的人群，也没有堆积如山的卷宗，有的是人脸识别、诉状自动生成、智能自助立案系统……各种科技感十足的设备云集。

人都去哪儿了？

黄程浩打开互联网诉讼平台，后台显示，原告发起的在线诉讼案件正在不断刷新，24 小时不间断收案，每天新增超过 120 件。作为一名刚毕业的法学硕士研究生，杭州互联网法院立案庭书记员这份工作，刷新着黄程浩对中国法院立案的认知，他也有幸见证了一个全国首创的互联网法院诞生的全过程。

智能立案系统自动进行管辖甄别：以网络购物合同纠纷为例，如被告住所、收货地均不在杭州，案件就被系统初判为非该院受案范围，系统自动打上黄标；系统自动甄别符合管辖，则打上蓝标。根据标记的不同，黄程浩可快速进行人工审核确认，并点击决定是否立案，相关法律文书也即刻生成，加盖电子签章后“秒”送当事人。

互联网法院正在探索一套全新的诉讼规则。午休时，黄程浩跟同事们交流心得，讨论平台打造中的痛点和难点。

“刚开始，平台是搭出来了，但送达还是挺难的，像传统法院一样，送达还是靠寄 EMS。一个案子下来，光 EMS 成本就不少。更何况，很多网购的卖家注册地与实际经营地不一致，经常送达失败。”黄程浩说。

该院多次论证后，2018 年，包括阿里旺旺送达、千牛网（电商卖家服务平台）送达、微信送达等在内的全国首个点对点电子送达平台诞生了。

“如鱼得水！”黄程浩兴奋地说，“立案后几乎不用几分钟，我就能通过阿里旺旺联系上卖家，把起诉状送达被告。”

杭州是电子商务之都、移动支付之城，正在打造智慧城市。杭州互联网法院应运而生，为杭州这座城市的智慧创造在司法上保驾护航。像黄程浩这样的年轻法官，正与杭州互联网法院共同成长，并站上了中国司法改革的潮头。

“互联网法院是中国司法改革的最前端。我常常在想，我们的工作绝不是单纯地为了生存，它创造了很大的社会价值。我们遇到的问题，在书上是找不到答案的。在杭州互联网法院，每个人都有创新的机会，推动历史的前进。”黄程浩说。

杭州互联网法院自诞生之初，即承担着先行先试、创新司法审判模式的使命。通过优化网上审判流程、创新互联网裁判规则及信息技术深度应用等方面的大量探索与创新实践，杭州互联网法院为全国乃至世界提供了互联网司法的“杭州智慧”“杭州样本”。

一种时代风口下的杭州选择：全国首个以数据资源命名的正局级行政单位

事实上，从城市大脑的构建，到杭州互联网法院的成立，再到“移动办事之城”的打造，其核心要义是打破信息孤岛、实现数据共享。

2017 年 6 月 5 日，全国首个以数据资源命名的正局级行政单位——杭州市数据资源管理局组建完成。在半年多的时间里，杭州市数据资源管理局完成了各项组建工作，并全面推进“1353”政务数据共享体系建设、数据资源归集共享、城市“数据大脑”建设等重点工作。

杭州市数据资源管理局是一个什么样的部门？多年未设新局的杭州，成立这个全新单位的意图又是什么？杭州市数据资源管理局党组书记、局长郑荣新说：“我们将充分利用数据资源，让数据多跑路，让百姓少跑腿，推动‘最多跑一次’改革，或将改变政府的治理模式。”

作为中国互联网之都的杭州，无疑率先迈入这个行列。尤其是从 2014 年开始，杭州将“发展信息经济、推广智慧应用”列为“一号工程”，在信息经济的高速公路上一路飞奔，为成立数据资源管理局做了最充分的准备。

杭州市数据资源管理局成立后的第一个动作就是打破信息孤岛，开展数据共享百日大会战，以无条件归集、有条件使用为理念，百日攻坚，共归集 59 个部门 290 亿条数据，编制杭州市政务数据资源目录，以秒级速度响应“最多跑一次”改革。

市级部门既是数据需求方，也是数据供给方，共建共享理念达成广泛共识，翻开了破除思想壁垒、技术壁垒、体制壁垒的杭州新篇章。数据共享打破了部门之间的信息孤岛。办事网络通畅，政务服务就有了网上办理的基础，政务服务自然变得快捷、方便。

对政府而言，数据资源是放大镜，也是望远镜。它能让政府为更多人提供更优质的服务，且成本更低廉，使政府从被动应对变为主动作为，从根本上转变了政府治理模式。

当互联网时代飞速向前发展，当“大数据”已成为脍炙人口的热词，在这样一个时代的风口上，成立数据资源管理局，已经成为政府顺应时势的必然选择。

在杭州市数据资源管理局的牵头和推动下，2018 年 12 月 29 日下午，“杭州城市大脑（综合版）2019”在云栖小镇发布。

改革的内在哲学，就是“变与不变”。变的是应时而生的新方法、新模式、新理念，不变的是“以人民为中心”的初心。

存量变革，为工业园区转型升级探新路；立足“一块地”规划建设全过程，搭建“一地一码”协同服务平台；探索互联网审判新模式，互联网法院应时而建；打破信息孤岛，数字资源管理局应运而生；推动城市大脑建设在法治轨道上长效运行，首创地方性法规……在杭州，这些自上而下的改革，真刀真枪、大刀阔斧，突破了一些过去认为不可能突破的关口，解决了新时代出现的新问题。

唯其艰难，才更显勇毅；唯其笃行，才弥足珍贵。

改革如逆水行舟，不进则退。

所幸，杭州不负众望；所幸，杭州改革开放再出发。

文 / 郑晖　顾杨丽
郑晖，杭州日报时政要闻部记者、评论员，主要从事深化改革报道、党报主题报道、深度报道及理论评论工作。
顾杨丽，副教授、硕士生导师，传播学博士，浙大城市学院传媒与人文学院副院长，美国佐治亚大学访问学者。

人民本位，幸福有数

连续 14 年蝉联“中国最具幸福感城市”的杭州，以“数智杭州·宜居天堂”为发展导向，适应信息时代（数字时代、算力时代）的到来，站在数字化的风口上，把幸福城市建设与经济社会高质量发展和城市治理现代化紧密结合，以数字产业化促进产业数字化和城市治理数字化，努力把数字经济第一城打造成数字治理第一城，把幸福城市建立在高水平现代化的基础上。

从生活品质之城到幸福宜居的数智杭州

21 世纪初，杭州就提出了建设生活品质之城的发展理念，以及住在杭州、游在杭州、学在杭州、创业在杭州的“四在”品牌，并且提出要破解人民群众关注的热点、难点问题，保障和改善民生。十多年前，杭州市委把生活品质之城作为杭州的城市定位和城市品牌，着力全面提升经济生活品质、文化生活品质、政治生活品质、社会生活品质和环境生活品质。以民主促民生，通过创新社会主体结构和社会运行方式，调动社会各界的主动性、积极性和创造性，让创新创业活力竞相迸发、创新创业源泉充分流淌，共建共享品质城市、品质产业、品质环境、品质生活；努力把杭州从一个以三大世界历史文化遗产为标志、传承中华五千年文明的自然风光和人文资源紧密结合的传统的人间天堂，建设成一个人民至上、民生为本、民生为重，以“我们”价值观凝聚民心的现代化幸福城市。

以数字化、智能化、智慧化为鲜明特征的新一轮科技革命和产业变革深入发展，信息感知能力和算力算法成为重要的生产力。它们不但大大提高了资源配置能力，突破了时空限制，降低了交易成本，提高了经济效益，而且使社会生产方式、就业方式、交往方式和生活方式都发生革命性变化。数字不但成为先导性的资源，而且成为幸福生活不可缺少的资源和手段。数字经济正在成为经济增长的主引擎，互联网、物联网和城市大脑成为城市的新基础设施，数字产业化和产业数字化成为经济转型升级的重要方向，也成为就业创业的广阔新空间和收入增长的强劲动力。数字化改革已经成为新发展阶段全面深化改革的总抓手。大力推动政府数字化转型，实现整体智治，以此撬动经济社会全方位数字化转型，从整体上推动经济社会发展和治理能力的质量变革、效率变革、动力变革，加快建设社会主义现代化的新型智慧城市，是新发展阶段建设幸福城市的全局性、系统性、基础性工程。

杭州发挥数字经济和数字文创的先发优势，以“数字治理第一城”为目标，持续大力推动城市数字化工作，在全国率先提出以城市大脑赋能幸福城市建设，运用大数据、云计算、区块链、人工智能等前沿技术，推动城市管理手段、管理模式、管理理念创新，不断完善城市治理现代化数字解决方案，为市民群众提供更高效、更精准、更便捷的服务，增强人民群众的获得感和幸福感，数字治理指数位列全国第一，成为智慧城市建设的先行者，荣获“新时代数字治理标杆城市”称号。数字经济、数字文创和智能制造带动了经济的高质量发展，为幸福城市厚植了物质基础；通过数字化改革实现整体智治，则为幸福城市建设强化优化社会环境保障。城市数字化深度融合，推动数字技术、数字经济、数字文化、数智生活、数智治理等全方位先行实践，让城市时刻把握数字科技的脉动，让市民尽享城市智慧生活的便利。“数智杭州·宜居天堂”既是未来的发展导向，也是核心的城市功能。我们必须围绕“数智杭州·宜居天堂”，不断推出更多具有“杭州味、江南风、国际范”的特色举措，持续擦亮让人印象深刻的鲜明标识，全方位呈现“历史与现实交汇”的独特韵味、“现实为未来注解”的别样精彩，建成实现高质量发展、高水平均衡、高品质生活、高效能治理的幸福城市。

人民幸福是数智杭州建设的根本价值取向

数智杭州建设可以看成一个有五层架构的社会—技术工程。它的最高层面是价值理念，具体说就是人民幸福。这是数智杭州建设的终极目标，属于中国传统文化所说的“道”，它对其下 4 个层面起着导向作用。人民幸福的价值取向，体现在数智杭州建设必须深入贯彻全心全意为人民服务的根本宗旨，把满足人民对美好生活的向往作为奋斗目标，把以人民为中心的发展思想落实落地落细。坚持问情于民、问需于民、问计于民、问绩于民，有针对性地解决广大市民最关心、最直接、最现实的利益问题。杭州从“数字治堵”到“数字治城”再到“数字治疫”，从首批 9 项便民措施到城市大脑中枢系统 3.0 和 11 个领域的 48 个便民惠民应用场景发布，再到城市大脑和健康码赋能疫情防控与复工复产，无论是“政策找人”“在线直达”，还是“智能导航”“一键审批”，始终贯穿着便民惠民这条红线，把审批变成服务、把权力变成责任，着力构建智能便捷的数字公共服务体系，使人人成为数据的生产者、使用者、治理者和获益者，把政府的“好政策”高效兑现为人民群众的“好生活”。

数智便民惠民必须统筹兼顾人民群众的信息使用权和隐私保护权。温州市运用区块链等前沿技术，在国内率先推出“个人数据宝”应用，将政务、信用、医疗等领域的50多类常用信息归集并向用户本人开放，实现个人数据随身带、随时用、随时纠，调阅记录随时查，做到了公共数据取之于民、用之于民，让大数据发展红利更多惠及人民群众。

“个人数据宝”以共享方式获取省级平台统一归集的人口库、信用库和证照库的基础数据；依托市级公共数据平台，打通本市公共服务部门业务系统，归集市域范围内图书借阅记录、市民卡消费记录、医院就诊信息等个性化数据。在此基础上制定数据共享开放管理办法，用户可随时查看系统里的本人数据信息，保障数据所有者依法享有数据权益。同时，健全数据纠错机制，引导用户共同参与数据维护，用户如发现系统中的个人数据与实际不符，可在线提交纠错申请和佐证材料，由数据管理部门核查修正。目前已推出数据便民服务三大应用场景。一是政务服务免材料。用户到政务服务窗口办事时，凡所需的证照等数据信息能通过系统查询到的，就不用提交纸质材料，由办事窗口工作人员通过公共数据平台查询信息，系统第一时间推送查询记录给办事用户，防止超范围查询个人隐私数据。二是银行信贷快易办。用户办理银行信贷业务时，只要亲自授权，银行即可通过系统授权获取申请者信用数据，用户凭个人数据享受贷款产品，大大简化了申贷材料和流程，也切实提升了审贷效率和风险防控效率。三是健康档案随身带。全市医疗机构的门诊与急诊就诊信息、检查报告、体检信息和医疗影像统一接入，用户可随时查看或共享个人的健康检查数据，跨院看病就医无须携带病历资料，无须重复检查，大大提升了就诊就医效率，减轻了病人负担。“个人数据宝”的应用场景还在继续向交通、救助、保险等领域拓展。

在方便个人数据使用的同时，“个人数据宝”又实施三重安全防护，强化数据安全保障。一是数据加密。系统后台自动为每个用户分配单独的密钥，数据存储传输前先行加密，防止不法分子截取。运用数字签名技术，与其他业务系统进行交互，确保数据的完整性和真实性。二是精准授权。第三方机构如需访问用户个人数据，必须先向“个人数据宝”发送申请，得到用户本人授权后，方可在规定时限内查询使用与业务办理相关的个人数据。三是全程留痕。运用区块链技术，上链数据访问记录，确保每次数据调用不可篡改且可溯源。用户可随时查看本人数据被调阅使用的记录，一旦发现异常调阅情况，即可在线投诉，由数据管理部门调查处理，确保个人数据不被盗用、滥用。

数智便民惠民还必须保护数字弱势群体基本权利。面临社会少子化、老龄化和高龄化的发展趋势，帮助相当大一部分老年人克服对智能技术看不懂、学不会、记不住、看不清、跟不上、信不过等困难，已经成为一项迫切任务。杭州市作为人工智能社会实验养老试点城市，积极贯彻落实国务院办公厅《关于切实解决老年人运用智能技术困难实施方案的通知》，在各类日常生活场景中普遍保留老年人熟悉的传统服务方式并允许授权代理，杜绝拒收现金现象，使智能化服务管理适应老年人；公共服务场所和商业网点基本都有人指导办事人使用智能手机；组织志愿者到社区和养老机构开展辅导帮教活动，提高老年人对智能技术的应用能力，并通过培训交流，提高志愿者助老技能；各类教育机构建立老年教育学习服务公共平台，围绕老年人高频事项和应用场景，开发老年智慧生活全媒体课程，组织培训和上门帮教，开展线上教学；通过刷身份证、市民卡和实名制老年公交卡读取健康码，或由同行人代申请健康码，方便老年人出行和进入公共场所；为高龄、失能等老人发放可一键呼救的智能养老终端。此外还可以充分发挥家庭电视机的终端功能，在有线电视台和政府门户网站专门开设老年频道（专栏），提供全方位并可信的为老信息服务，同时通过城市大脑的街镇社区平台，实现线上信息服务与线下上门服务无缝对接；在办事场所普遍设置触摸式显示屏，对所提供的公共服务进行场景式的“视频+语音”提示，尽量做到引导和操作一体；对住宅小区物业服务人员普遍进行智能技术培训，鼓励邻里结对帮扶，为解决老年人运用智能技术困难发挥兜底作用。

数智便民惠民还必须适度使用码类凭证。赋码必须在法律许可范围内，不能用于对行为进行奖惩，防止某些地方政府部门任意扩张权力侵犯公民权利，避免层层设码、互不承认、画地为牢。

数智杭州建设还需要完善以人民群众满意度为根本标准的考核体系，形成正确的政绩导向，坚决反对官僚主义和形式主义。建设和使用的绩效都应由服务对象评判，不论大小项目都不能用作“盆景”“花瓶”，绝不搞不讲科学、不计成本、不顾效益、不可持续的“面子工程”。

幸福宜居的数智杭州建设是一个系统工程

幸福宜居的数智杭州建设最基础的层面是应用场景。把应用场景作为基础单元，充分体现了以人民为中心的价值理念、追求人民幸福的价值导向和服务型政府的目标导向。它一反行政化的科层制社会中以政府为中心，把其他社会主体作为政府的附属物和延伸的思维定式，改变按部门分工职责来分解任务的传统做法，以服务对象为中心，把人民群众日常生活的领域和事项作为解析整个系统工程功能结构的出发点和归宿，围绕解决民生服务和城市治理方面的痛点、难点问题，整合相关部门职能，按“最多跑一次”的精神简化、优化流程，设计智能化的解决方案，形成闭环，努力使服务对象在日常生活和工作的每一件事上，都能在真正“获得”之后由衷地产生获得感和幸福感。这个以市民需求和使用者需求为导向的架构体系正在根据轻重缓急，逐步充实和完善数智化公共服务。为此必须充分考量市民、企业以及政府工作人员和部门的实际需求，包容不同人群的需要，将其尽量体现在各个场景数智化服务的设计、试验和使用的过程中。应用创新要多元主体参与，政府不能强制推广。

诚然，幸福不仅来自善治和智治，还来自生产和创造。我们不仅需要城市大脑，而且需要各种产业大脑和工业云，它们作为中枢和平台，以产业数据共享利用为突破口，通过互联网和物联网连接未来工厂包括工厂化农业，实行智能化生产和数字化管理，使供需顺畅对接，市场和政府都更加有效。

在应用场景层面之上的，是应用数字技术和现代治理技术建立起来的城市数字系统和现代城市基础设施体系。它以不断拓展和完善的感知系统连接物理空间和虚拟空间，以网络系统和数据库建设为基础，应用系统建设为重点，城市大脑为中枢，运用大数据、云计算、区块链等新技术，以数据协同为技术赋能、以流程再造为改革赋能、以信用联动为管理赋能、以始终在线为服务赋能，全面、全程、全域实现城市治理体系和治理能力现代化。这一层面的数智杭州建设不仅要优化和整合全市条块信息化系统和数据资源，为突破城市建设和城市治理的瓶颈、解决发展不充分不平衡带来的种种问题、建设幸福城市提供智慧化的解决方案，而且要以数据为中心，重塑政务服务流程，实现治理理念、治理手段、治理模式的系统变革和全面创新。它需要实现数字技术与现代治理技术的有效对接和良性互动，例如对数据进行结构化、标准化的处理，对材料和前置条件进行数字化改造，把政策转化为数字化规则，用数据协同替换人工审核，用实时数据抓取和分析代替填表留痕统计汇报和走马看花式的检查等低效、失真、滞后的考核评估方式，进而在充分感知相关信息的基础上以数字技术辅助决策。为此，需要通过继续教育和优化专业设置，培养大批既掌握数字技术又熟悉城市管理和专业管理的复合型人才，健全鼓励应用软件开发推广和支持低代码开发的机制与环境。在提升政府效能、压缩政府部门的自由裁量空间的同时，也要通过人脑与电脑互补，留下酌情处理的空间，体现城市治理人性化的温暖。高考录取分数线早已暴露了完全数字化处理的缺陷；尽管医生能够便利地获取患者体征数据且数据量大，但确定治疗方案还是需要辨证施治。城市的智能化治理也应从中获得启示。

在技术系统层面之上的是规则体系，包括标准、规范、制度。数智杭州建设是对市域治理的体制机制、组织架构、方式流程、手段工具进行全方位、系统性重塑的过程。它在实践中迭代，螺旋式上升，实现从技术理性向制度理性的跨越。它必须同步建设应用系统和规则系统，依靠各种标准、规范、制度，保障统筹规划、整体设计、高效协同，打破数字壁垒，消除数字鸿沟，实现数据共享，促进融合应用，确保数据安全，使数据驱动、智慧协调下的多元多层治理体系高效有序运行，更好服务于民生福祉。在更高的制度层面上，要充分利用互联网和公共数据平台带来的空前广泛的连接和交往，发挥社会主义社会重视整体性、公共性和协调性的基本制度和意识形态优势，促进多元主体协同共创，服务对象主动参与，改变价值创造的路径，改变社会资源配置方式和社会组织运行方式，提高社会生产效率。以整体智治超越科层制组织困境，重塑组织机构和管理方式，促进组织体系的整体性、扁平化、开放性、协同化，推动机构改革取得重大突破。

在规则体系层面之上的是理论体系。数字化改革所要求的应用体系和规则体系建设，以及其撬动的全方位改革，都需要理论的指引和支撑，并且必将打破原有的学科界限，推动理论的重大创新。要树立数字意识，强化数字思维，普及统计学知识，提高数据筛选和数据解读能力，善于通过数据掌握民情民意，发现问题和规律，进行前瞻性考量、开拓性研究，运用算法和数学模型分析问题、制定对策。要高度关注价值理念引领，坚持把人民幸福放在最高地位，防止目的与手段背离。要以开放的心态和广阔的视野积极吸取国内外幸福城市、智慧城市建设的实践经验和理论成果，力求幸福宜居的数智杭州持续走在前列。

文 / 蓝蔚青　杜娟

蓝蔚青，浙大城市学院城市大脑研究院顾问，浙江省城市治理研究中心首席专家，研究员

杜　娟，浙江省公共政策研究院研究员，杭州市委办公厅绩效评估中心副主任

杭州：城市成长的西湖范本

“半城烟雨半城湖”，这句话拿来形容杭州还是蛮贴切的，湖岸既是闹市，湖区也是城区，湖边人家开窗即见湖光山色，湖水荡漾处皆是都市的繁华旖旎。湖山是城市的名片，也是城市的妆容。因此，治理西湖历来是城市管理者的头一桩大事。千百年来，城市面貌脱胎换骨，而西湖则是不变的。这座城市的历史离不开湖，历朝历代对西湖的治理，也是一个城市成长的缩影。

西湖是自然天成的，也是挖出来的。若不是历朝历代杭州人的挖泥疏浚，西湖早已不复存在了。西湖能成为今天的西湖，其实很难。

唯留一湖水

沧海桑田，这是自然之力所为，是无可奈何的事，比如西湖从一个浅水湾渐渐地变成一个湖泊。在这个千年里，它本来很可能又渐渐地淤积成平地，这也是很正常的，但它最终成了一个美丽的湖泊，这是杭州人的愿望，也是杭州人的努力成就的。

最初人们治理西湖，只是想留住这一湖水。

杭州古时是海湾，潮涨潮落，泥沙淤积，渐成陆地，渐成东南之都会，可是城里的地下水水质咸苦，无法饮用，唐代刺史李泌为改善人们的居住条件，便在城里开了六口井（即蓄水池），挖沟引西湖水入城，解决了杭人的喝水问题。

后来白居易治湖则是为了灌溉。当时的西湖堤岸低矮蓄不住水，春天多雨时湖水泛滥，无雨时又湖水干涸。白居易主持修筑长堤，雨时关闸蓄水，旱时开闸放水，使万亩农田免除了旱涝威胁。20个月后，治理西湖大功告成的白居易任满离杭时，满怀深情地对杭州人民说："唯留一湖水，与汝救凶年。"

再以后，杭州人就开始了愚公移山一般的挖湖不止。少则几年，多则数十年、上百年，必有一次疏浚工程。吴越王钱镠甚至特设撩湖兵千人，整日就在湖里割草挖泥。所谓撩湖兵，大概类似现在的水域管理处，清朝叫西湖浚湖局，辛亥革命后改名叫西湖工程局。专人专管，郑重其事。

即便时时地挖，偌大的西湖仍是常常濒临堙塞，比如宋朝时的西湖，湖西到处是田荡，湖东也是葑草弥漫，令到杭任职的苏轼痛心疾首，于是以工代赈，领着杭人大挖西湖，挖出的淤泥堆起了一条长堤。

说起来，唐宋明清，历代都有人因浚湖流芳百世，唐有白居易，宋有苏东坡，到了明朝有郡守杨孟瑛，清朝则有知府阮元。

只见湖光不见笆

西湖堙塞除了自然的因素，还有人为的原因。元明时期杭城流传一首民谣："十里湖光十里笆，编笆都是富豪家；待他享尽功名后，只见湖光不见笆。"说的就是西湖边上的"违章建筑"。明初，官府把傍湖的水面划给了巨富豪门，这些富家在湖面上编篱筑埂，或种植菱藕，或占湖为田，或填湖筑屋，把个西湖阉割得支离破碎。看来侵占西湖之事由来已久，若不是西湖颇大，恐怕早就被有钱或有势的人瓜分了。

话说 1189 年，有个宫中内侍叫毛伯益，仗着自己的身份，随心所欲地在西湖上占菱池、筑亭榭。谁知当时的临安知府张杓是个不畏权势的官员，他说：“吾官可去，法不可屈。”管你什么内侍外侍，在我的地盘上我就要管你，你侵占西湖我就要治你。于是，他依法给毛内侍判了一个“损坏西湖罪”。这恐怕是前无古人后无来者的了，放到今天，也不过就是罚个千儿八百的，也没听说有个“损坏西湖罪”。

翻看史料才知道，古时和现在差不多，也是拆也难、禁也不易。为何难？从古时的禁令上可略知一二。1539 年，地方官奏请“禁豪家包占西湖”。1565 年，更是将禁令刻在了清波门、涌金门、钱塘门这三座沿湖城门上，让大家举报仍在侵占西湖的“宦族豪民”。1644 年，立《西湖禁约》，明令“凡豪势占西湖为私产者，勒令返官，并捐俸去西湖葑草八十亩”。

也是南宋，有两个内臣划水为域，在西湖上盖起了房子，在西湖水里洗涤秽物，污染湖水，被一个叫鲍度的御史奏了一本，结果两人被降职罢官，又被勒令拆毁所建房屋，没收霸占水面之所得。但比较起来这是容易的，1268 年，杭州地方官向朝廷奏本，请求挖除西湖中过多的菱藕，以免秽塞侵占湖岸，这一要求过了 8 年才获得批准。1426 年，御史吴文元奏请朝廷治理西湖，“浮议四起，权势豪家纷纷反对，百般阻挠”。1664 年，西湖被占的区域计有 442 亩。这西湖边上的拆与禁真是任重而道远。

今天我们已经可以大致绕西湖一圈而少有阻隔，每说到此，杭州人就会想起前些年西湖边上艰难的拆房扩绿。没有历代的拆与禁，何来今天这美丽的西湖？

西湖如人之眉目

在治理西湖的历史中，有一点与众不同，那就是浓厚的文人色彩。

西湖治理的过程，就像是一场文人的寻梦。西湖之成为西湖，大概可以从唐朝始，这并不仅仅因为“西湖”的定名源于唐朝。在此之前的西湖与别的自然湖泊大约并无多大区别，而在此之后，它开始与文人结下不解之缘。千年西湖是沾着历朝历代诗词文赋的露珠，蕴养着自己独特的风姿，这是一种优雅闲适的中国文人的风姿。文人气息使西湖区别于其他所有的自然湖泊而自成一家。

822年，唐朝大诗人白居易出任杭州刺史。作为地方长官，他领导的治湖工程是为了非常现实的保湖蓄水。然而千百年后，我们已无法将诗人的浪漫从湖边的长堤中剥离。诗人并不知晓，他的治理西湖，就像为今后的西湖刻下了一个诗人的模子。从那以后，但凡在历史上留下印记的治湖工程，在杭人口中代代相传的疏浚活动，无不闪现着诗人的影子。这是千年西湖的序曲。

到了1089年，西湖又一次交到了一位著名诗人的手里。那时苏轼是二度来杭出任知州。诗人在奏折里写：“杭州之有西湖，如人之有眉目，盖不可废也……杭州而无西湖，如人去其眉目，岂复为人乎？”这是诗人的笔法，诗人的逻辑。诗人自有诗人的激情，他的激情甚至在官方公文中也肆意流淌。这句看似题外的文学语言，又一次为西湖描摹了一个文人心目中的形象。

在历史上数十上百次的治理中，唯独白、苏二人的治湖不仅仅是记在志书上，还成为杭城百姓人人皆知、信手拈来的佳话，这无疑与其中的文人色彩有关。而正是白、苏二人的引导，使得以后的治湖都带有了装点湖山的目的，甚至就是照样画葫芦。比如明代杨孟瑛领导疏浚时仿苏堤筑杨公堤，亦有六桥；也是明代，知府孙孟在湖中堆土筑就湖心亭，在小瀛洲前重建石塔成三潭印月；清代巡抚阮元则用湖泥堆筑成就阮公墩；等等。西湖就这样一笔笔地描绘着，杭州果然拥有了一副绝佳的“眉目”。

人因湖名

杨公堤是一条已经消失的古堤。杨公堤对于西湖是一种风花雪月，也是一段艰辛的治湖史。

1503 年，四川人杨孟瑛到杭州走马上任。当时的西湖已是一片荒芜景象，苏堤以西的湖面“高者为田，低者为荡，阡陌纵横，尽为桑田”，苏堤以东，萦流若带，六桥之下，水流如线，苏堤之上，亦是柳败花残。杨孟瑛认为，西湖对于杭州关系甚大，他决心仿效白、苏，疏浚西湖。可是工程浩大，阻挠重重，他“力排众议”，一再上书。

要说白居易那时治湖，还用不着写奏折打报告，可以自作主张，只要有足够的经费；钱镠是吴越国王，怎么干都是自己说了算；苏东坡时已经麻烦了，要走流程，打报告造预算经中央政府审批，事后据说还因此遭弹劾差点丢了官。到了明代杨孟瑛就更难了，那时西湖边有好多黄金地段成了私人领地，要治湖自然有很多既得利益者会反对，且这些人大多是有话语权的。杨孟瑛须“力排众议”。从他上书朝廷到正式立项开工，足足用了 5 年的时间。1508 年，杨孟瑛亲自指挥动工疏浚，历时 152 天，拆毁田荡 3481 亩，终于使西湖恢复旧观。

杨孟瑛疏浚西湖时挖出的葑泥，一部分补筑苏堤，将苏堤加高拓宽，又遍植桃柳，重新恢复了“六桥烟柳”景色。而大部分是仿苏堤另筑一堤，杭人呼之为“杨堤”，又称“杨公堤”。杨堤在苏堤的西面，与苏堤平行，遥遥相伴，堤上亦有六桥，俗称“里六桥”，与苏堤的六桥前后呼应，合称为“西湖十二桥”。杨堤的建成，装点了湖西一片，这一带的风光更为宁静风雅，因此后来西湖私家园林大兴时，这一带成了修筑园林的热点，比如丁家山下的“水竹居”、卧龙桥旁的“郭庄”、金沙港边的“金溪别业”等。

清朝以后，里湖逐渐淤塞，田桑扩大，杨堤终于废去。1947 年，在杨堤旧址上修筑西山马路。至今，几座桥仍有迹可寻。

明田汝成曾说，“西湖开浚之绩，古今尤著者，白乐天、苏子瞻、杨温甫三公而已”。又说，“自乐天之后，二百岁而得子瞻。子瞻之后，四百岁而得温甫”。这个温甫，就是被后人赞为“白苏以后贤郡守”的杭州知府杨孟瑛，他对西湖的贡献因杨公堤而流芳百世。

湖因人存

湖因人名，湖也因人存。

乌鹏廷是《杭州日报》的一位资深记者，不夸张地说，西湖的每一块石头他都写过了。他曾说起 1950 年的西湖：那时和朋友游西湖，坐手划船，划到湖中央，船夫把船桨直起来，往湖水里一插，插入湖泥，船就停住了，几条船便凑到一起喝茶聊天。可见那时候的湖水多浅。

多浅？只有不到半米，大一点的船走过，后面全是搅起的湖泥，如果有一阵不下雨，许多地方就会露出湖底。于是就有了 1951 年开始的疏浚西湖。

1951 年，中央人民政府成立不久，疏浚西湖就列入国家基本建设计划。1952 年，一只链斗式挖泥船在小南湖开挖，挖出来的泥通过一条轻轨运到湖边，然后人工肩挑背扛，堆到湖南面的低洼地。那个时期，社会动荡未息，很多人失业无事可干，没有生活来源，劳动局成立赈济队，以工代赈挖湖泥，一呼百应，一下子就召集到 800 多人。

场面最大的是 1953 年。那一年夏，西湖久旱，岳湖露了底；秋天，共青团杭州市委组织了一场大规模的义务劳动，有 3 万多名学生和各行业的青年参加，每天挖泥挑土；冬天，又有上万郊区农民加入疏浚大军。西湖疏浚，成了那一年西湖的标志性场景，也成了许多人忘不了的记忆。1956 年，政府动员郊区农民与城市居民 7000 余人，参加浚湖义务劳动，先后有 4 万多人次挖泥运土。

那一次疏浚主要靠人工，时间长达 8 年，到 1958 年才基本完成。疏浚后的湖水达到 1.8 米深，挖出湖泥 720 多万立方米。这些湖泥填埋了湖区周围的许多低洼塘地，比如少年宫北面至省府前，原来是一片低地洼塘，用湖泥填埋平整，还有现在的柳浪闻莺公园、太子湾、花港公园等 18 处洼地，都因为那一次疏浚，奠定了以后公园的基础。

长长的 8 年！ 1999 年就用不着了，只用了 9 个月。在西湖湖面上架起了一条临时管道，那是与绞吸式挖泥船配套的输送管道，沿着长桥、玉皇山隧道一直向南延伸，将吸出的湖泥运送到玉皇山南侧一片空旷的山谷里，9 个月清除淤泥 260 万立方米。

据史料记载，自唐至清，较重要的疏浚共有 23 次。其中相隔百年以上有 3 次，最长间隔 168 年；相隔 20 年以下有 7 次，最短间隔 8 年。千年西湖是这样一点点挖出来的，如果没有历朝历代的治理，西湖早已不复存在。

文 / 林　之

本名李玲芝，出版有《西湖细节》《老街漫步·杭州》《钱塘里巷风情》等多部作品。

成都

CHENGDU

城市说

成都：公园城市示范区

2021 年的成都春节是扎扎实实的公园年。在严格落实疫情防控措施的前提下，城市里的公园成为春节过年的主要场所。数据也显示了成都这个城市近年来公园城市的建设成就，整个春节黄金周，成都旅游总收入 127.6 亿元。

成都的幸福试验有更广阔、更深厚的意义。如何建设现代化城市？建设什么样的现代化城市？这是城市绕不开的时代命题，而城市如何满足人民群众追求幸福生活的诉求，需要更清晰的现实回应。

建设践行新发展理念的公园城市，则是成都的时代答卷。

2018 年 2 月，“公园城市”理念在成都被首次提出。2020 年 1 月，成都承担了更具体的责任——建设践行新发展理念的公园城市示范区。

从“公园城市”到“践行新发展理念的公园城市示范区”，两年多的探索和实践，成都的公园城市建设走过一条怎样的路径？作出了哪些决策？推动了哪些变革？有哪些创新和创造？又提供了什么样的智慧和智造？

从“公园城市”首提地到“公园城市示范区”

在成都人购买户外用品清单上，调研发现排在前两位的分别是潜水用品和滑雪用品。滑雪可理解，推窗即见西岭雪山已是成都的常态，但作为我国西部内陆城市，大海之于成都，不是远在天边吗？

“我们成都的海也在眼前。”在天府三街工作的成都女孩小孙说。她说的“海”是兴隆湖。成都天府新区规划馆可以俯瞰兴隆湖的部分“海景”。从空中看，这个状如开关按钮的建筑物放置在湖畔的小山头上。

两年前，正是在此地，成都被按下进入新时代的出发键：要突出公园城市特点，把生态价值考虑进去，努力打造新的增长极，建设内陆开放经济高地。公园城市理念自此在成都破土而出，走向全国。

两年后，同样是在这片土地上，在公园城市探索与实践的美好场景层出不穷之际，成都的新使命再次被明确：建设践行新发展理念的公园城市示范区。

从“公园城市”到“公园城市示范区”，是更精准的定位，也是更清晰的行动指南。

在成都看来，践行新发展理念的公园城市示范区这个定位意义重大，体现了发展理念上的变化，其中最重要的有两点：一是体现生态优先、绿色发展的价值导向；二是牢固树立“以人民为中心”的发展理念，“人是城市的根本”。

理解这个逻辑之后，成都作为践行新发展理念的公园城市示范区的内涵、意义和路径呼之欲出。

2020 年 4 月 24 日，在成都市建设践行新发展理念的公园城市示范区领导小组第一次会议上，市政府提出：党中央赋予成都建设“践行新发展理念的公园城市示范区”的历史使命，是对成都战略目标和发展方向的充分肯定，是成都在成渝地区双城经济圈建设中最重要、最独特的国家定位。

成都认为，示范区建设是前期公园城市建设实践的全面深化，蕴含着农耕城镇的乡土守望、工业城市的标准高效、生态城市的绿色低碳、世界城市的开放包容。其逻辑起点在于生态优先、绿色发展，价值取向在于以人为本、美好生活，根本动力在于转变方式、持续发展，责任担当在于先行先试、积累经验。示范区建设是一项面向未来探索城市发展新路径的系统工程，成都要站位全局、主动地试、大胆地闯，当好“试验田”、走出新路子，努力形成更多可复制、可推广的制度成果和实践经验。

一步一个脚印地创新实践再创新，秉承这样的共识，就如何建设现代化城市，建设什么样的现代化城市这样的宏大命题，两年多来，成都围绕服务“人”、建好“城”、美化“境”、拓展“业”等方面，积极构建美丽宜居之城，将生态价值努力转化为发展动能，并进行了丰富的探索和实践，为建设践行新发展理念的公园城市示范区打下了厚实的基础。

在成都调研时，成都发改委的工作人员介绍，建设践行新发展理念的公园城市示范区，新发展理念是内在灵魂，公园城市是外在形态，示范区是新发展理念和公园城市的物化承载，三者彼此关联、互为表里、辩证统一，共同昭示了城市建设发展的时代方向。

兴隆湖是人工湖，面积只有杭州西湖的三分之一，却带给成都人大海般的感受——无界无边。这与成都建设公园城市的方法论高度契合：无边无际放开思路，在探索中逐步成长。

公园城市是什么？是城市里建新公园，还是公园之中有城市？是简单的“公园＋城市”，还是全新的营城模式？这些在当时都是未知数。

然而，在公园城市这一全新的城市发展模式的探索中，成都逐渐找到答案，也在实践中找到了定位：公园城市不是在城市中建公园，而是秉持公园城市理念营建城市新形态、探索发展新路径，推动生态价值创造性转化。

秉持“创新”和“智慧”，成都持续推进城市在营城理念、发展方式、建管模式等方面的探索和变革，并坚定不移推动生态价值创造性转化。如今在成都，公园城市创造性转化的场景千姿百态，遍布这个城市的不同角落。

对于公园城市示范区建设，实际上成都的探索和创新一直在路上。

2020 年 3 月，成都成立了由市委主要领导任组长的成都市建设践行新发展理念的公园城市示范区领导小组，负责统筹协调成都市贯彻落实国家在成都建设践行新发展理念的公园城市示范区的战略部署，研判示范区总体方案、改革措施、重大规划、重大政策、重大项目及年度推进计划等工作。

90 后女孩邓静就职于成都市公园城市建设管理局绿化处。几年前，硕士毕业的她作为选调生到这里工作时，单位的名字叫“成都市林业和园林管理局”（成都市林业园林局），如今，她的单位已换了新名：成都市公园城市建设管理局。

2019 年 1 月 14 日，成都市公园城市建设管理局挂牌成立。与此同时，成都市区两级公园城市建设管理机构相继组建。

随着所在单位的职能变化，邓静的工作内容也随之扩展和更新。在原来以绿化园林管理为主要职能的基础上，增添了以生态环保为主导理念下的新职能，是集规划、建设和管理等公园城市建设的全阶段职责，打破原有的单一职能和职能分散制度，机构设置扁平化。

“这样的转换打开了城市建设思路，而不是简单的改名换牌。”邓静说，尽管具有城市规划和风景园林学两个专业背景，但在参与公园城市的建设中，她切实感受到新的变化和挑战，“跳出了技术行业的局限，更关注刺激城市活力的再生”。比如，以人为中心来考虑整体的系统化方案，让自己从“我”，即一个市民的感受出发，设计舒适、便捷、宜居的城市空间。

在成都人的网红打卡点中，天府新区的鹿溪智谷是“新秀”之一。站在高处的观景平台上，鹿溪智谷核心区清晰可见，河流、绿道交织其间，宛如画卷，“出门即公园，处处皆场景”就在眼前。

据天府新区成都管理委员会自然资源和规划建设局的工作人员介绍，独角兽岛、成都超算中心等代表着未来产业的一大批重大项目和国家级创新平台都分布在这片绿色中。无论产业项目大小，每个项目在规划建设时，都设置一条面向公众开放的绿道，并形成连贯的绿道体系，强化公园城市的体验感。

鹿溪智谷在打造公园城市示范样板的过程中，一边探索一边总结，既有成果转化，又有方法论。用工作人员的话，打造公园城市未来样板，要有“价值层”，即体现公园城市的生态文明思想和生态价值转化；要有“物理层”，着重于空间形态方面的体现和构建；要有“数字层”，如西部科学城、科研项目转化等，同时把新科技运用到公园城市建设中，如无人驾驶、清洁能源等。

奉“公”：是公园，更是家园

夏末初秋交替的时节，阳光变得温和，乘坐成都地铁 1 号线一路向南，即可到达天府大道南一段的麓湖公园社区。从武侯区专门驱车到这里的王杨正带着女儿在动物农场玩耍，乖巧的小兔子、可爱的小猪、呆萌的羊驼……

麓湖公园社区，因其“公园社区与公园片区、城市大公园互联互通”的独特气质，自诞生以来就获得“桃花源”“神仙社区”的美誉。

像麓湖公园社区这样由政府、社会、市民参与的共享共治共同体，在公园城市成都并不罕见。高新区剑南大道天府一街口，原本闲置地块内杂草丛生，垃圾随处可见，现在这里已是宜人的绿地，企业、市民捐赠的长椅成为公园温暖的“支撑”，椅子上刻着捐赠者对这个城市的记忆和祝福。

成都市委十三届七次全会提出，要坚持共建共治共享，充分尊重人民群众主体地位，服务人的全面发展，探索公园城市现代治理路径。

在成都的探索和实践中，公园城市的“公”内涵明确：是“奉公”，是服务人民，是以人为本。这样的思路体现了城市发展从工业逻辑回归人本逻辑、从生产导向转向生活导向的深刻转变，而这种转变也是公园城市示范区的题中应有之义。

同济大学教授、天府新区成都管委会总规划师匡晓明认为，“公”的属性，是公园城市最为深刻的本质特征，也是对当下社会问题与人民期待的有力回应。

在建设公园城市示范区的成都，开放共享的具体体现是两条“路”：从“上班的路”到“回家的路”。

在金牛区星科北街，王女士下班后并不着急回家，她先在一家汤锅店买完东西，再走到社区的小广场和邻居们摆起了龙门阵。“出了家门就是绿道，既能在这里散步，还能在这里休息聊天、参加各种活动，很巴适！”让她感到“巴适”的，是金牛区星科北街打造的美好生活特色街区，也是成都规划建设的“上班的路”“回家的路”中的一个站点。

2020年以来，成都加快实施“绿道+”“公园+”策略，加快培育六大公园场景，计划建成1000条“上班的路”“回家的路”，进一步推进社区绿道“串街连户”，构建“15分钟社区生活服务圈”，培育更多新经济、新业态场景，让市民有更多的休闲、消费、娱乐新选择。“回家的路”不只是生态，还包含休闲、健身、游憩、科普、文化体验等多元化功能。

江滩公园，处于高新区和双流区的交界点，东侧有产业园区、商业建筑、连接城区的公共交通等设施，西侧则是近年落成的高层现代化住宅小区。从居民区步行至公园，路程恰好为15分钟左右。每个工作日清晨，西岸的居民过桥穿过园区，在有着“我爱成都”雕塑的广场旁等候公交车，公园便化身为15分钟的“上班的路”，下班亦是如此。

在这15分钟之内，江滩公园为市民提供了包括绿化、休闲、餐饮、运动等在内的一系列服务。优美的环境和清新的空气为上班的人提供一天的活力，公园提供的运动和休闲服务设施也能缓解工作一天的疲累。公园里还设立了一家公立幼儿园，这让上下班的父母和孩子一同上下学成为可能。“上班的路”“回家的路”，在公园城市成都，连接的是聚落，拉近的是温情。

市民创新参与，共建城市家园，也是成都“奉公”的表征之一。

成都现在的核心在天府广场。广场以西，看似鱼骨状的区域便是少城的所在。少城以长顺街为主干，两侧密密麻麻排列若干条宽窄不一的巷子——2020年8月被商务部列为“全国示范步行街”的宽窄巷子，正位于此。但在成为全国知名的商业街区之前，巷子里各处建筑也呈现“不相往来”的态势：大门紧闭，围墙深锁，违建与临停把城市空间分割，围墙与路障占用了可拓展的边界。

公园城市的打造，并不是将实体的公园空降到街区。对街区来说，首先需要打开自我。

2017年，成都确立城市空间结构调整战略，明确城市中部进行战略优化，即“中优”，保持和彰显成都的历史文化特色；这一年底，成都启动拆违建、拆围墙、增开敞空间的“两拆一增”专项行动。有媒体形容，这是打通城市治理的“最后一公里”。

“我们把城市的有机更新深入地做到了‘院子’里面。”少城街道宽巷子社区党委书记吴丽萍认为，“两拆一增”是城市有机更新的具体方式，它以公园城市“景区化、景观化，可进入、可参与”的理念为指导。城市居民可以在原本被围墙包围的空间自由进出，享受到城市中间的绿地，这是一个“可进入”的过程，也能享受到城市的美好，增加居民对城市发展的信心。

“两拆一增”，减少边界，拓宽的是空间，拓展的是信心。

而公园城市与生俱来的“公共”元素，不仅要让居民与城市共享发展成果，更重要的，是让公众、居民参与到城市的建设、治理和更新的全过程。唯有如此，才能达成城市的可持续发展。

日落时分，泡桐树街的酒馆、茶馆开始热闹起来，店铺纷纷亮起灯光，人流、客流、车流开始增加。不过，泡桐树街并不是纯粹的商业街区，每间店铺背靠的依然是市民居住的院子。泡桐树小学也在不远处，当下班高峰、消费时段与放学时刻碰撞在一起，街区里消费者、商家和居民的矛盾似乎一触即发。然而，眼前却是和谐的景象：住在街区的乐龄长者在禁止机动车进入的步道上或坐着或站着，刚放学的小朋友在街上或跳绳或骑车，用成都话来说就是市民都在街上“耍”；这里的食店和酒馆也没有过多的油烟排放和噪音污染，消费者也很有礼貌地在路上行走、在店铺旁等位——实际上，不少消费者也是当地的居民。

和谐的景象并非一日之功。吴丽萍介绍，以前这一带也出现过商家排放油烟、发出噪音扰民的问题，还有商家占用停车位、乱排放污水导致下水道堵塞等，与居住在院子里的居民们产生过冲突。

化解冲突需要平台。在泡桐树街，吴丽萍与其他社区干部一道确立了“民事、民议、民决”的工作方法，搭建了一个各方对话与沟通的平台，即“商居联盟”——由社区牵头，邀请商户和居民代表，包括执法部门和城市规划部门等，一起商议街区中出现的问题和矛盾。

吴丽萍表示，现在的“商居联盟”是2.0版，升格为“商居共管委员会”，从治理问题转为建设社区，比如举办社区活动，关心社区的乐龄长者等人群，“大家共同来参与”。

创新参与方式，让居民参与社区的治理和建设，是从公园向家园转化融合的重要路径。少城街道党工委书记何媛称，一系列的开放式社区治理参与和城市景观的有机更新，其实也是塑造“宜居宜业”的生活场景，实现了在重要的旅游景区、特色街区、消费场景提升的地区，居民既能延续自己以前的生活，还能不断提高对所在区域的满意度。

成都市公园城市建设管理局提供的数据显示，依托以党组织为统揽的城乡社区发展治理体系，成都市整治提升背街小巷2059条，改造老旧院落600个、棚户区17434户，完成“两拆一增”点位3270个，打造特色精品街区121个、公园小区70个，实现公园形态与社区生活有机融合，基层治理能力和宜居生活品质同步提升。

联“园”：城园相融，涵养生态

在成都，不用写诗，整个城市处处见诗。连政府项目都透着诗意，比如2020年1月的一份通知的名称是《关于开展“花重锦官城”项目绿化整改民意调查工作的公告》。

夜晚的四川省博物馆前乐曲声动，沿河的一侧，借着月光依稀见到写在旁边的三个大字——“寻香道”。“当年走马锦城西，曾为梅花醉似泥。二十里中香不断，青羊宫到浣花溪。”陆游这首诗中的画面，正是成都作为践行新发展理念的公园城市示范区的冰山一角：寻香道。

何止有寻香。成都的公园城市宛如新谱的一支绿色协奏曲。这支新曲，以成都全域生态资源为美丽宜居公园城市之“底”，传承自然人文历史，建立健全以生态系统良性循环和环境风险有效防控为重点的生态安全体系，形成“园中建城、城中有园、城园相融、人城和谐”的公园城市生态美境。

昔日杜甫在成都诗云：“锦城丝管日纷纷，半入江风半入云。此曲只应天上有，人间能得几回闻。”今日之成都，俨然是“花重锦官烟水绿，水润天府谱新曲”。

公园城市的“园”之于成都，是联“园”，是涵养城市的生态。

调侃成都，一个广为流传的说法是，成都的冬天见不到太阳，阴郁的天气和雾霾，与空气中积重难散的污染物有关。这个说法如今已成历史。太阳是成都的常驻歌手，在冬日里也唱着温暖的歌。“以前成都人是追着太阳跑，现在是躲着阳光。”在成都生活的谭啸说。

如今，“空气质量越来越好”已经是成都人的“共识”，另一个“共识”是，他们认为这和成都的公园城市建设有关。数据证实了这种变化。2020年5月底，成都市公园城市建设管理局有关领导介绍，从生态环境看，成都深入推进“三治一增”，打好“三大保卫战”，空气优良天数达287天，较2017年增加 52 天。

根据锦江公园建设方案，到 2021 年底，锦江水生态治理目标全面完成。实际上，在 2020 年春节，成都市民就已感受到“乌篷船游锦江”的美好体验了。在部分河段，成都人可以坐在画舫里，听着古乐，欣赏锦江沿岸美轮美奂的灯光秀。

这样的美好享受，来自成都厚植公园城市生态本底的不懈实践。

成都近年来持续深入推进全域增绿，加快建设大熊猫国家公园、龙泉山城市森林公园、锦江公园、天府绿道、环城生态区等重大生态工程。在 2020 年夏天公开征求公众意见的《成都市公园城市绿地系统规划（2019—2035 年）》中，全域增绿有了具体的目标:“到 2025 年，实现城市绿地率不低于 40%，人均公园绿地面积不低于 14 平方米，公园绿地服务半径覆盖率不低于 90%。”

成都本地媒体的报道说，成都人均公园绿地面积增加了 4 倍。据成都市公园城市建设管理局提供的数据，截至 2020 年 8 月，成都绿化覆盖面积 52870.77 公顷，共有公园 161 个，公园绿地面积为 14783.72 公顷，人均公园绿地面积为 14.90 平方米。

龙泉山城市森林公园管委会综合管理部的工作人员介绍，龙泉山的森林覆盖率从 54% 增加到 58%。4% 的增量来之不易。造林要成林才能算覆盖率，而在龙泉山造林非常不容易，因为这里近水缺水，土层瘠薄。工作人员说，龙泉山很早就开始有意识地造林，但“年年栽树不见树”，直到 2018 年才开始改善。在公园城市示范区建设实践中，龙泉山城市森林公园有了清晰的定位: 世界级的城市绿心、国际化的城市会客厅、市民喜欢的生态乐园。

初秋时节站在龙泉山城市森林公园的丹景台“城市之心”，看见远处即将建成的天府机场，天府奥体城、三岔湖、新机场等标志性建筑尽收眼底，绿植成片，鲜花展颜。龙泉山城市森林公园是成都重大生态战略空间，也是全世界最大的城市森林公园，几年前开始启动建设。数据显示，龙泉山城市森林公园建成后，能给每一个成都市民新增至少 10 平方米的森林绿地，每年会释放 23 万吨氧气，吸走 31 万吨二氧化碳。这意味着成都将拥有一个通风廊道，将极大改善成都冬季湿冷夏季高温的状况，四季会更分明。

几年的努力下来，如今效果也慢慢显现，在龙泉山城市森林公园的某些地方，林内小气候已经改善，植被和林层都丰富起来。

在成都增绿的过程中，天府绿道是当仁不让的主力军之一。在 2020 年 4 月美丽宜居公园城市建设推进情况汇报中，成都市公园城市建设管理局介绍，成都已规划建设 1.69 万千米的天府绿道，建成各级绿道 3688 千米。

成都天府绿道是目前全球规划设计最长的绿道系统，以“一轴、两山、三环、七带”为骨架在全市铺开绿网，织就近 1.7 万千米的绿道系统，分为区域级、城区级、社区级三级绿道体系。

成都市规划馆的沙盘图，“直观”地呈现了整个图景：“一轴”是以锦江为轴绿道穿城而过，“两山”是龙泉山、龙门山，“三环”则是熊猫绿道（沿三环路）、锦城绿道（沿绕城高速）、田园绿道（沿第二绕城高速），“七带”则是滨河绿道。

每一条绿道都具有巨大的潜在生态价值。成都市规划设计研究院副院长汪小琦以锦城绿道为例，算出成都人的绿色福利，“建成后，将形成 133 平方千米的生态公园、20 平方千米的生态水系、24 平方千米的城市森林、8 条一级通风廊道，同时保护 35 平方千米的基本农田”。

除了紧锣密鼓进行建设的天府绿道之外，成都已初步形成生态区、绿道、公园、小游园、微绿地的五级城市绿化体系，构建了完整的绿色空间。

增绿亦在社区中同步进行。在老城区，见缝插绿、拆墙见绿，在细微之处提升市民的绿色福利，包括公园在内的围墙逐渐消失，市民的生活融入一个个绿色场景里。成都市青羊区少城街道办党工委书记何媛说，老城区公共空间小，但可以利用有限的空间进行市民“可进入、可参与”的景观化设计。

人民公园、文化公园、百花潭公园、望江楼公园等著名的成都老公园已拆除围墙、绿篱 1100 多米，留出的空间里种满绿植，也添设了一些便民的娱乐设施。比如，在少城街道，小型的绿地被利用起来，建成社区足球公园；在小通巷，街对面的宾馆围墙已变成绿色植被；泡桐树街角的入口一侧被改成了图书室，居民在这里可享受全城的借还书服务……

绘绿入城，指状交融。成都营造的是一个生态系统中的巨大绿色空间，在“景区化、景观化，可进入、可参与”的理念指引下，成都的绿是增景，增加可进入、可参与的景区和景观。

在青龙湖湿地公园，一到周末，早上不到9点，停车场就停满了车。青龙湖湿地公园呈现出来的巨大吸引力，来自于天府绿道锦城公园一直以来坚持“景区化、景观化，可进入、可参与”的理念，通过对山、水、林、田、湖进行统一保护、统一修复，以及对天府文脉的传承发扬，打造人与自然和谐共存的生命共同体。

园区中央有一块静态保育区——鸟岛，在规划建设初即按照“生态先行、涵养文脉、动静分区、人景交融”的设计理念，坚持不动林、不设桥、不进岛、不增建筑，经过多年涵养形成了“与世隔绝”的密林湿地，吸引了众多野生鸟类在此安家筑巢，有效保护了成都平原中这块极为珍贵的鸟类栖息湿地，形成了“鸟不走、人可留”的生态景观，打造了人与自然和谐共存的生态典范。

全域增景下的这座城市，是诗意栖居的新成都。沿着成都的母亲河锦江而行，诗意和美好迎面而来。穿过人民公园，顺着锦江，拐到清水河，直至浣花溪——在初识成都的人眼中，这一路浸满文脉余香，有静雅古朴的百花潭，也有浣花溪里的杜甫草堂。然而用脚丈量后，会看到成都市民才是这一路水清绿幽中的主角：一位刚下班的女孩，站在桥上，正用手机捕获城市天际线，桥下的水面上倒映着夕阳的余晖；百花潭公园步行道一旁的长椅上，一位母亲正翻看女儿的作业，女儿靠在她身上，书包在椅子上。

除了像杜甫一样看清水绿意，如今的成都人还能体验丰富多彩的生活场景。在成都，公园不再是具体的区域，而是一个个生活消费创意的具体场景。

在浣花溪公园的川西文化广场上，水晶葡萄、晚白桃、脆红李、香酥梨摆满了白色的临时摊位。这个在绿道沿线公园举办的成都特色农产品品鉴展销活动，陪着成都市民刚过完一个甜美的夏天。

家住成都东三环的成都市民小吴，每天需驱车前往南三环外的天府三街上班，驾驶占据了工作日里很多时间。最近，她发现多年的通勤路出现了新变化，“二环路上的绿色植被变多了，上下班的路上，人的心情都变得比以前轻松！”

小吴的感受印证了成都建设践行新发展理念的公园城市示范区的进展和成效：从“生态屏障”跃升为“城市绿心”的龙泉山城市森林公园，正带动西面的既有城区与东面的新城这“两翼”同频振翅；二环高架路 28 千米的立体绿化全覆盖，空中花带架起了居民对生态走廊的全新期待；高楼林立间的垂直绿化项目令人在市区尽享闲情雅致。

“绿”，正将国家中心城市和成渝地区双城经济圈“双核”之一的成都有机整合、串联、融合——一幅“花重锦官烟水绿，水润天府谱新曲”的画卷已渐渐铺开。

塑“城”：宜居之城，步履不停

2020 年上半年，成都有 2 张逆势增长的成绩单颇为亮眼。

在疫情几乎对全球航空业造成“停摆”时，成都双流国际机场自 2020 年 3 月以来持续回升，上半年旅客吞吐量位列全国第一。在全球疫情吃紧造成沿海外贸数据普遍承压时，成都上半年实现进出口总额 3230.9 亿元，同比增长 23.5%，其中进口总额、出口总额分别增长 25.5%、21.9%。

成都的各行各业都在“迎疫而上”。随着国内疫情防控形势和国内经济形势向好，成都鲜明提出“投资优先、项目为王”，开展为期 3 个月的项目招引攻坚行动，将落后的工期追回来，把疫情造成的损失抢回来。

从固定投资来看，成都 2020 年上半年固定资产投资同比增长 4.1%，二季度 3 个月保持连续增长，增速较一季度提高 11.3 个百分点。而从新兴产业来看，成都新兴工业产品产量快速增长，新能源汽车、太阳能电池、集成电路产量分别增长 56.9%、54.3%、25.6%。

为何成都能逆势增长？

“后疫情时代为新经济的发展打开一扇机遇窗口，这一时期成都重提发展新经济、培育新动能，是对社会经济秩序重建的回应。”成都市新经济发展委员会副主任周洪说。在她看来，成都的新经济不是新技术、新模式、新业态或新产业、新产品本身，它更多的是通过制度的创新，提供场景让其落地，从而汇聚新的要素，形成爆破性的力量。

2020 年 3 月 31 日，胡胜全带着疑问参加了“2020 成都新经济新场景新产品首场发布会”，他想知道成都用什么留住新经济企业。胡胜全是成都科技企业孵化器协会秘书长，这家协会拥有 168 家孵化器和众创空间，旗下成员孵化了极米科技、“哪吒之父”可可豆动画等实力新经济企业。新经济企业成长后需要更完整的土壤、市场、营商环境，成都是否能留下它们，让其发展壮大，在胡胜全看来，“给钱是不行的”。不给钱，能给啥？——在这场发布会上，胡胜全得到了答案：成都持续给出的，是成都新经济企业最需要的硬核科技、应用场景以及发育土壤。

正是在这场发布会上，成都面向全球持续发布 1000 个新产品、1000 个新场景，为企业提供新机会，为市民创造新体验。2020 年 8 月 20 日，成都东部新区发布的“天府国际机场”等生态开放新场景，吸引了 30 多家企业，达成意向投资 150 余亿元。

成都建设公园城市的创新和探索中，实现生态价值转化的路径之一就是营造新场景。

在当下全力打造践行新发展理念的公园城市示范区进程中，成都依托近年来重点建设的公园绿道体系，开展了“公园城市体验消费季”“游绿道公园、品时令佳果”等活动，大力发展户外消费。

成都实施“公园 +”“绿道 +”策略，激活创新动能，面向全球持续发布新场景、新产品，以公园城市作为新经济、新动能成长发育的场景媒介，不仅带来了人流，还将人与商业加以串联。源源不断的资源流动于新经济公园场景、新经济农业场景、新经济文创场景和体育赛事场景等，大大提升了城市的经济活力与社会活力。

16930 千米的天府绿道将城市与乡村相连，1000 个川西林盘星罗棋布，农商文旅体融合发展，在成都建设践行新发展理念的公园城市示范区的过程中，“乡村表达”同样瞩目。比如，成都国星宇航科技有限公司推出了“城市之眼”，依托 AI 卫星网络数据服务，构建了一套能够对城市空天地信息进行动态采集、融合、分析的时空数据平台。这意味着，农民只需一部手机就能掌握土壤、天气和农作物的长势等情况。

“双赢”的故事每天都在上演，场景和产品在“公园 +”“绿道 +”的舞台火花碰撞。

2020 年 4 月 28 日，成都东部新区正式挂牌，这片 729 平方千米的土地，寄托了成都转型突围的战略愿景，也承载着成渝地区双城经济圈相向发展的期望。

龙泉山城市森林公园管委会的工作人员指着龙泉山规划图，开玩笑地说：“翻过龙泉山，成都向东，正好和向西的重庆相遇。”

成都本地媒体报道说：“曾经，隔着龙泉山，风景两重天。如今，跨越龙泉山，成都天地宽。”

昔日的成都，是“两山夹一城”的逼仄，被西部的龙门山脉和东部的龙泉山框在其间。如今的成都，跨越了千百年的东部生态屏障龙泉山，将这座山变成城市“绿心”和“会客厅”。龙泉山“两翼”，分别是成都中心城区和成都东部新区，位于成都东部新区的天府国际机场蓄势待发。此番进发，成都的城市格局开阔了，由“两山夹一城”变为“一山连两翼”。

在成都市规划馆，成都重塑公园城市新形态的沙盘图“有声有色”，可以清晰了解成都永续发展的大格局：统筹推进“东进、南拓、西控、北改、中优”，高质量规划建设东部新区“九大片区”，推动城市格局由“两山夹一城”向“一山连两翼”转变。

面对成都这样一个实际管理人口达 2100 多万的大都市，新时代城市建设者对空间格局的“重塑”，指向保持战略定力、坚定发展方向，奋力实现新时代成都“三步走”战略目标。

“目前成都五城区的人口密度是超过上海的。”成都市委政研室副主任王喜梅给出了一个令人惊讶的数字。据统计，上海市人口密度为每平方千米 1.55 万人，成都五城区的人口密度是每平方千米 1.77 万人，还有部分区域的人口密度甚至超过了每平方千米 4 万人。过高的人口密度，带来“高楼综合征”、拥堵、尾气等环境资源的重负，也带来“上学难”“就医难”等公共服务供给的匮乏，损害了成都这座城市的宜居价值。

但是，如果以更长远的眼光去看待成都的发展，其人口和经济承载力尚未到爆发的顶点。据统计，过去 10 年，成都人口增长复合率在整个西部地区稳居第一，年均净流入人口约 35 万。按照测算，未来二三十年，成都的服务人口将会超过 3000 万，相当于如今的北京和上海。

塑造区域比较优势、探索可持续发展之路，是成都坚守宜居之城的必经之路。在“东进、南拓、西控、北改、中优”的城市空间发展战略下，成都迈出破解大城市病的坚实步伐：谋求差异化发展格局，将中心城区人口规划密度从每平方千米 1.77 万人降至 1.36 万人；着眼筑牢生态屏障，加大城市西部都江堰自流灌区的国土开发力度，推动成都西部片区产业腾笼换鸟，入选国家城乡融合发展示范区；稳步提高东部新区和南拓区域经济和人口承载力，突出中心城区的带动作用，与重庆一起做强成渝地区双城经济圈；突出城市公园文化格局，大力推动成都与德阳、眉山、资阳同城化发展，提升都市圈对区域经济的带动作用。

格局之变，带来成都的千年之变。高质量发展、高品质生活、高效能治理，成都塑“城”的故事仍在继续。宜居之城，步履不停。

兴“市”：公园城市，产城新生

公园城市的建设没有先例可循，一切崭新而未知。前路蓝缕，但也给新经济、新产业提供开辟山林的可能。

2017 年，成都确立新的城市发展战略，把发展新经济、培育新动能作为推动城市转型的战略抉择。3 年时间倏然而过，成都成立新经济发展委员会、提出应用场景理论，发展思路不断创新，各项举措落到实处。

一系列的“新”和“兴”，随着成都建设践行新发展理念的公园城市示范区的不断深入，正显示出勃勃生机。

在成都，场景营城步步推进。2020 年的五一假期，江滩公园在全国范围内火了一把。抖音数据显示，成都江滩公园成为五一假期全国范围内获赞最多的景点，也是用户打卡数第三多的景点，仅次于杭州西湖和黄山。

这是成都江滩公园落成之时无法想象的场景。在极不寻常的 2020 年，也是难以想象的热闹场面。实际上，2020 年上半年，成都的硬朗实力也不寻常：作为一个服务人口超过 2100 万的特大城市，成都在新冠肺炎疫情防控中交出了一张“全国千万人口以上城市中感染率最低的城市之一”的答卷，为经济复苏筑牢基础。

2020 年上半年，成都 GDP 实现 8298.63 亿元，同比增长 0.6%，其中第二季度增速 3.9%。总量上，坐稳了“全国第七”的位置；新增市场主体 35.5 万户，增长 21.7%，进出口总额 3898.3 亿元，增长 24.9%。与此同时，成都双流国际机场旅客吞吐量位居全国第一，成都对“一带一路”沿线国家和地区贸易增长 45.4%，对日本、韩国贸易分别增长 33.1%、49.6%。

成都如何做到的？答案是“开放”，是“创新”。

公园城市示范区的探索和实践，不仅让市民对天府绿道等生态空间触手可及，更激发了这座城市的开放和创新。成都创新打造特色街区雅集、公园生态游憩等消费场景，释放了消费潜力。

场景营造，是近年来成都公园城市绿道建设体系中最丰富的实践之一。以江滩公园为例，这个建成后长期陷入沉睡状态的城市空间，由于配套措施跟不上，设施缺乏养护，周边的住宅区和商业区也处于较低开发的状态。蜕变是从改造开始的，而改造江滩公园的核心，正是成都创造性提出的场景打造。

改造的思路，是整合和盘活现有的已建成的资源，化零为整，引入新的消费场景和消费产品——原本公园内有池塘水源，那就改造成游泳池，将池的底部建造成凡·高的星空画作；游泳池旁需要有沙滩，他们便从广西北海空运沙子，建设四川最大的人工沙滩。

江滩公园也把目光放在了年轻时尚的消费品类，建造了西南地区最大的滑板“碗池”运动场，吸引更多流行品牌、“网红”品牌入驻。

现在的江滩公园，不仅迎来了拉咖雷森咖啡等国际品牌的入驻，还增加了科技、体育、休闲娱乐的元素。江滩公园拥有光感攀岩、电竞足球、皮划艇等运动项目和设施；在莫比乌斯环启发下设计的步行桥已然成为游客打卡“网红桥”；融合《王者荣耀》游戏元素的红蓝跑道上，则置入智能跑步系统，跑者可以与跑道设置互联，呈现数据，参与竞技。

在公园城市成都，这种模式也被称为“公园 +”“绿道 +”，“+”号后面所添加的，正是成都努力打造的具体的消费新场景、新产品。

新场景、新产品的打造背后，是成都深化供给侧结构性改革，推进消费升级的成果。从供给端助力消费升级，给消费者提供更多选择和体验的同时，也鞭策企业不断创新，从而赢得更多机会和发展空间，达到双赢。良性消费循环一旦确立，产业发展将充满动能。

“场景营城、产品赋能，就是当前成都建设公园城市示范区和发展新经济的两个重要抓手。”成都市公园城市建设管理局总规划师刘洋海表示。

场景营造，符合公园城市示范区建设的逻辑：生态价值的转化有一本经济账。

2020 年 8 月 20 日，成都东部新区发布的“天府国际机场”等生态开放新场景，吸引了 30 多家企业，达成意向投资 150 余亿元。据成都市公园建设管理局提供的资料，举办场景汇“天府绿道 蓉绘未来”2020 成都新经济“双千”发布会，线上线下同步发布锦城公园“能量环”、锦江公园“文脉轴”、全域绿道“活力矩阵”3 类 100 个新场景，释放天府绿道投资需求 612 亿元，现场签约 50 亿元，后续签约 20 亿元。

中国科学院成都环境研究所的专家刘勤曾给锦城绿道算了一笔账：“初步估算出锦城公园建成运营后每年生态服务价值约为 269 亿元，并且作为绿色投资工程，从城市绿地生态系统演替和管理维护周期来看，它还可以产生 40 年以上的持续性效益，也就是说总价值可以达到 1 万亿元以上。”刘勤表示，这个 1 万亿元是“生态系统服务价值”，这是学术上的一个公认参考值，包括人类从生态系统中获得的各种福祉和惠益。

但生态价值的转化是经济账，更是成都建设公园城市示范区的理念转变——政府主导、市场主体、商业逻辑。

中共中央党校经济学部教员、经济学博士周跃辉认为，公园城市示范区建设把城市绿色理念、绿色生产、绿色生活方式有机联系起来，在新时期城市居民物质生活富足的前提下，满足居民对美好生活的向往，创造出对优质生态产品需求的城市发展新动能、新业态。

公园城市多维度价值的最大化，离不开高新产业、城市景观、消费场景的建设与构造。而要让这些价值得到彰显，需要资本的助力。资本如何落地，成都也给出了自己的答案——打造天府国际基金小镇，让资本能留在成都，让投资人能投资成都、与成都共成长。

这是一个充满托斯卡纳风情的小镇，在国际疫情肆虐的当下，无疑是体验异域风情的好去处。然而，它的主要功能并非游览，而是基金的集聚区、资本的落地处。位处天府新区腹地、紧邻麓山国际社区，基金小镇联结着天府新区和成都科学城，为投资人提供完备硬件设施的同时，营造投资和商业氛围。

在助力公园城市示范区的建设上，基金小镇也发挥着自己独特的作用——吸引资本、投资未来。

天府国际基金小镇总经理谭啸介绍，成都最大规模的发展母基金——成都发展基金，就设立在基金小镇。同时，成都的绿道建设、天府机场建设和城市“东进”建设等大型基建的投资资本，也在基金小镇集群扎根。

“比方说我们的‘5+5+1’，实际上都有子基金和相应的创投机构合作。11只基金至少是11个知名的合作伙伴。”谭啸提到的“5+5+1”，是指成都所确立的11个产业发展重点领域，包括电子信息、装备制造、医药健康、新型材料和绿色食品产业等5个高端绿色智能产业，会展经济、金融服务业、现代物流业、文旅产业和生活服务业等5个新兴服务业以及构建开放型产业体系。

除了大型基建和公园、绿道建设，基金小镇也助力绿色产业发展。“绿色型的债券和基金，在国际上已经成为一种风行的规则和准则，也被投资人所推崇。”谭啸和同事在“金融之都”卢森堡了解并学习相应规则，为服务国内企业发行专门的绿色金融产品做前期准备。绿色债券、绿色基金，指的正是投资在生态友好型产业的金融资本——这与成都的发展战略不谋而合。

2020年1月，成渝地区双城经济圈上升为国家战略，政策加持下，成渝距离“中国经济第四极”又近了一步。作为“双核”之一，成都被明确要求建设践行新发展理念的公园城市示范区，这是成渝地区双城经济圈中成都最独特的定位。

公园城市是“人、城、境、业”高度和谐统一的现代化城市。在这个城市发展逻辑中，“人”的要素被排在首位，是其他产业有机聚合的关键要素。成都的公园城市示范区建设，回归了人本逻辑，坚守了“城市让生活更加美好”的初心，是“人民城市”幸福样本。

专家说

城园相融，人城和谐

2018 年 2 月，习近平总书记在成都天府新区考察时指出：天府新区是“一带一路”建设和长江经济带发展的重要节点，一定要规划好建设好，特别是要突出公园城市特点，把生态价值考虑进去，努力打造新的增长极，建设内陆开放经济高地。总书记关于建设公园城市的指示，是城市规划建设管理理念的升华，是新时期城市发展的重要模式。建设公园城市，既是满足人民群众美好生活需求的城市发展之路，同时标志着现代化城市发展的未来方向。两年来，成都在思考公园城市理念中开展实践探索，在实践探索中加深对公园城市理念的理解，以思考与实践的丰硕成果向世人揭开公园城市示范区的美丽面纱。

城市发展的新目标

城市经历了漫长的发展史，城市规划建设理念也经历了自身的发展史。

最早进入城市建设的是花园。“花园”（garden）一词最初出现在《圣经·旧约·创世纪》中，指上帝创造的“伊甸园”（the Garden of Eden），意指一处最理想的居住生活环境。公元前6世纪，古巴比伦国王尼布甲尼撒二世（Nebuchadnezzar）在巴比伦城内为王妃安美依迪丝（Amyitis）修建了一座随着宫殿层叠升高、种满花木、遍布喷泉的“空中花园”，开创了城市中建造花园的先河。自此，通过在城市中建造花园来达到居住在城市也能享受自然田园生活，成了人们的理想追求。西方工业革命对城市居住环境造成的损害与破坏，使这种理想追求逐渐成为城市规划建设的理念和理论。1820年，法国空想社会主义者罗伯特·欧文（Robert Owen）提出以“自然环境疏解城市弊病”的观点；1898年，英国学者埃比尼泽·霍华德（Ebenezer Howard）在《明日的田园城市》（*Garden Cities of To-morrow*）一书中提出并论述了“田园城市”的城市规划理念，同时在英国的一些地方进行了实验性建设。霍华德的“田园城市”主张城市应结合乡村的优点，使人们在城市高效便捷的生活中能够享有乡村的优美景致。

自霍华德提出“田园城市”概念以来，国内外用来表达城市发展形态的相近概念有花园城市、园林城市、生态城市、宜居城市等。在英语中，“花园城市”虽然与霍华德的“田园城市”用的是同一个词组garden city，但二者还是有明显区别的：田园城市是结合了城市、乡村优点的田园化城市，是城市、乡村协调的新型城市；“花园”是指种植花木供游玩休息的场所，是园林中最为常见的一种类型，而作为城市规划建设理念的花园城市，强调通过多样性绿化和美化，打造出环境优美、花木繁盛，如花园般美丽的城市。园林城市注重保护城市依托的自然山水面貌和生态环境，形成园林式的城市独特风貌。生态城市强调通过生态平衡，实现人与自然的和谐共处。宜居城市则是指重点以提高市民生活质量为目标，适宜于人类生产、生活和居住的城市。这些城市形态的共同特征是注重城市绿地、生态和环境的优美与平衡，追求人与自然的协调与和谐。

公园城市是对以上各类城市形态的新提升，是城市发展理论中具有开创性意义的新观念，将成为人类社会建设理想城市生活环境的新模式。

“公园”（public garden）概念源于西方工业革命后英国贵族私家花园向公众的开放。早期的公园是在以园艺种植为主的花园中增加一些用于公众休闲游憩的园林建筑和设施。据记载，中国最早的城市公园是英国人于 1868 年在上海英租界内的外滩建造的“Public Garden”，当时被译为“公家花园”或“公花园”，后来逐渐简称为“公园”。一般意义上的“公园”是指以游憩为主要功能，兼具生态、景观、文化传承、科普教育等功能和作用的向公众开放的绿地，是现代城市不可或缺的重要组成部分。19 世纪末，美国著名风景园林设计师奥姆斯特德（Frederick Law Olmsted）提出了城市公园系统的理论，主张通过公园道路，将林园、植物园、公共花园和公共绿地等各类城市公园连接起来，形成公共绿地系统，为市民和游客提供环境优美的休闲游憩空间，将公园与城市生活连成一体。2009 年，韩国造景学会会长曹世焕在国际风景园林师联合会亚太地区年会的发言中提出，21 世纪知识信息创新社会的理想城市将是园林、公园与城市融为一体的公园城市（park city）。此后，“公园城市”的概念受到国内外园林专家和城市规划专家的重视，并逐渐得到传播。在国内，广东江门市在 2015 年 2 月召开的市人代会上，把“建设公园城市”写入了政府工作报告，提出要从“在城市中建公园”转变为“在公园里建城市”，并于当年 4 月公布了《江门市公园城市建设工作纲要（2015—2020 年）》，提出要通过统筹五邑城乡丰富的自然生态资源，利用山、水、林、田、湖等自然要素，在保持原有生产生活方式、土地性质、主要用途以及保证水体安全的前提下，适当增加配套设施、推进大地公园化。

在我国继续推进现代化城镇发展的时刻，习近平总书记特别强调城市规划“要突出公园城市特点”，指明了在改革开放新时代我国城市建设的新目标，给城市规划、建设和管理者提出了深入思考公园城市特点、重塑未来城市价值的重要问题。

公园城市的新特征

公园城市应全面体现新发展观

“公园城市”，顾名思义，可以称为“公园化的城市”。提倡和发展公园城市并不是要在城市建设中大搞公园工程，不惜成本地建设城市公园，而是要借鉴和吸取城市公园规划和建设的理念。现代综合性城市公园规划与建设秉持的理念和拥有的特征一般包括：（1）有丰富的植物、山水等基本要素和良好的自然、生态等环境条件以及可持续发展的绿色生态系统。（2）按照园林艺术的原理，通过相关的建筑、道路、桥梁等，利用环境条件，组合基本要素，形成不同的场景，即具有不同内容和形式的景区、景点。（3）场景内部各个要素的恰当组合构成一个多样性统一的整体；各个场景空间上的恰当布局、功能上的合理安排和形式上的彼此协调，构成一个多样性统一的公园整体。（4）各个场景都拥有自身的相对范围或区域和功能，又和其他场景彼此沟通、开放；而整个公园又和城市的其他区域和设施相互开放，并与它们一起构成多样性协调统一、主次和功能分明的城市大系统。（5）公园是由政府或公共团体建设经营，全方位开放，供公众游览、观赏、休闲、娱乐的园林，本质上是公众之园，这是“公园”概念的题中应有之义。而在公园规划和建设的整个过程中，必然贯穿着创新的思想和实践。公园城市的规划与建设无疑应该借鉴并秉持同样的理念、拥有相似的一般特征。这正是创新、协调、绿色、开放、共享新发展理念在公园城市中的全面体现和表达。

公园城市应具有合理的空间形态与结构

这种空间形态与结构主要由三个层次构成：（1）整体复合系统。公园城市要按照公园化原则，整体上体现新发展观，构建生态、生产、生活三者融合的空间，努力实现生态空间山清水秀、生产空间集约高效、生活空间宜人舒适；同时构建范围适度、相互关联、彼此相容的开放空间，使城市真正成为公众共享的公共产品；还要使城市各个区域与空间彼此协调、张弛有度，从而使整个城市成为生态功能、产业功能、人居功能、文化功能和谐共存、有序健康发展的复合系统。这是总体层次。（2）公园社区。总体层次的空间形态与结构主要属于公园城市规划与建设理念、理论的范畴，但它不是抽象空洞的，而是可以通过不同层次的空间形态与结构予以体现和表达。其中，“公园社区”从区域范围和功能定位看，可以说是中间层次的空间形态与结构。“社区”是指由居住在一定区域内、结成一定社会关系、从事多种职业和社会活动的人们所构成的社会生活共同体，是城市的基础。现代城市社区的基本要素是生活在社区内的居民、区域环境、社会活动、文化氛围、服务系统、邻里关系等。“公园社区”，简而言之，就是“公园化的社区”，即按照公园规划和建设的理念，建构优美舒适的社区空间环境，人性化地安排社区各要素的关系，打破“围墙”界限，建立尺度适宜、低碳绿色的共享空间，营造具有社区特色的文化氛围，形成有机融合、和谐协调的社区生态生活系统。（3）公园场景。构建各类协调、多样、统一的场景，是城市公园建设的重要内容。公园场景是人们直接生活、活动和交流的公共空间、区域，是公园城市和公园社区最基本的空间形态和结构，包括各类公园、街区、校园、住宅小区、机构大院，以及城市绿道、球场、广场、影剧院等。“公园场景”，简而言之，就是“公园化的场景”，在规划和建设的理念与要求上，与公园社区基本类似，只是需要更注重设施和服务的人性化，给人们的直接生活和活动提供优美、便捷、舒适的环境与条件。

根据公园城市规划建设的理念和有关公园设计、园林城市、美丽城市建设、未来社区创建等现行（试行）规范标准，“公园社区”和“公园场景”建设应满足以下基本要求：（1）较完善的生态网络体系。原有山水格局、自然环境要素与自然生态系统得到较好保护，确保其原貌性、完整性和功能完好性；统筹生态空间，合理布局绿楔、绿环、绿道、绿廊等，实现内部绿地系统与外部自然生态要素的有机连接。（2）较高水平的园林绿化建设。绿化率、绿地率和人均公园绿地面积都必须达到相关标准；绿化建设以植物造景为主，以栽植全冠苗木为主，严格控制大树移植、大广场、大喷泉、大水景、大草坪、大色块和过度亮化等，防止过度园林化；采用合适多样的方式，打造立体多层次的复合绿化系统，因地制宜装备低碳绿色设施，做好公园绿地建设，形成与各自环境条件相适应的风貌特色；注重与周边自然风貌和功能的相互协调。（3）开放的空间形态与结构。根据实际情况，适度或完全开放公园社区和公园场景的空间；内部空间水面、陆地、绿地布局合理，疏密有致，具有美感；地上地下综合利用、集约开发、功能复合；公共生活和健康服务设施完善、使用方便。（4）人性化的绿色交通系统。形成主路、次路、支路、小路、街巷、慢行系统、静态交通相结合的完整交通体系，道路网络设计合理，交通导引标识简明清晰，提高出行的便捷性和可达性；充分发挥道路的交通、绿化、文化、商贸、开发等综合功能；绿道建设符合相关标准规范，与公交、步行及自行车交通系统相衔接，为市民提供亲近自然、休闲健身、绿色出行的场所和途径。（5）特色鲜明的社区文化。注重历史记忆的活态保留传承及地域文化和地域景观特色的保护与发展；保护好社区范围内的文保单位、文保点、历史建筑、工业商业校园建筑等各类文化遗产和非物质文化遗产；培育和谐互助的邻里文化，构建有特色的社区文化标志，配置必要的社区文化和休闲设施；多形式开展邻里服务与交往活动，建立多主体参与和建设的共享生活体系，促进社区公共资源的共享和居民资源的互助共享；提倡低碳生活方式。（6）多元融合的产业和功能。坚持以城市发展带动经济发展方式的转变，以公园社区和场景带动周边业态调整和产业升级，通过生态化、智慧化发展生态经济和智慧经济，形成多产业的融合。同时，通过数字化管理，促进和彰显公园社区和场景及其构成要素的生态、美学、人文、经济、生活、社会等多种功能的融合。

因此，“公园城市”坚持以人为本、以人民为中心的宗旨，承载和体现未来城市绿水青山的生态价值、低碳高质的经济价值、以文化人的人文价值、诗意栖居的美学价值、健康休闲的生活价值、美好生活的社会价值等，是未来城市发展的新目标和新形态。公园城市的规划和建设，必然会引领城市发展方式变革，促使城市领导工作方式和城市建设运营模式的转变，引导城市人口、产业、基础设施和公共服务等布局的合理化与科学化，实现城市的现代化高质量发展。

建设未来城市的新实践

成都生态条件优良，历史文化资源丰富，可谓外揽山水之幽、内得人文之胜：成都河流纵横，沟渠交错，水质优良，库、塘、堰、渠星罗棋布；土地类型多样，气候温和，四季分明，气候资源组合合理；地形地貌复杂，自然生态环境多样，生物资源十分丰富，森林覆盖率很高。成都自古为西南重镇，战国时期建城迄今 2300 余年城名未改、城址未迁；隋唐以来，逐渐形成的“三城相重、两江抱城”的独特城市格局，反映了古人利用天时地利、讲究人与自然和谐的营城理念；历史上商贸发达，曾为南方丝绸之路的起点城市；旅游资源丰富，文化遗存众多，武侯祠、都江堰等名胜古迹驰名中外；现代社会的快节奏与休闲之都的慢生活完美融合。这样一座自然环境优美、文化积淀深厚、繁荣而宁静的现代化城市，为建设公园城市提供了坚实的基础。

自 2018 年总书记考察成都后，成都深化对公园城市的理论思考与实践探索，并提出了许多创新举措，打下了厚实的基础，起到了重要的示范作用。

精准定位城市发展目标，准确理解城市发展内涵

总书记考察后不久，成都市举行了一系列会议，出台了一系列决定，将成都未来发展目标精准定位为建设公园城市示范区。深刻理解示范区发展的根本理念是生态优先、以人为本；准确理解示范区建设的基本内涵是全面深化前期建设实践，融合城乡优点，绿色低碳发展，开放包容格局，以美好生活为价值取向，以转变发展方式、实现持续发展为根本动力，以先行先试、探索实践为责任担当；正确认识示范区建设的方向是营建城市新形态、探索发展新路径，推动生态价值创造性转化。由此为成都城市未来建设树立正确的发展理念，奠定牢固的思想基础。

与此同时，成都市迅速调整和新建了与公园城市示范区建设相适应的管理和研究机构：2018 年 5 月，成立全国首个公园城市规划研究院——天府公园城市研究院；时隔 2 个月，天府新区公园城市建设局挂牌成立。2019 年 3 月，天府新区成都管委会与中国美术学院决定共建“公园城市文创研究院”，打造公园城市美学样本。 2019 年 1 月 14 日，原“成都市林业和园林管理局”改为“成都市公园城市建设管理局”，同时，相继组建了成都市区两级公园城市建设管理机构。2020 年 3 月，成立了由市委主要领导任组长的成都市建设践行新发展理念的公园城市示范区领导小组，负责统筹协调公园城市示范区的改革发展。机构及其职能的转变，打开了管理和服务的思路，为示范区的顺利发展提供了管理体制上的保障。

以城市有机更新的方式构建全城开放格局

公园城市是一个巨大的复合系统，其重要的特征之一是具有开放的空间格局。现有的公园绿地街道资源，诸如林地、公园、街巷、河道，园林等，由于土地属性及管理部门不同，大多各自独立，处于封闭或半封闭状态；甚至街巷内的单位或建筑，也大多处于彼此封闭隔离的状态。将它们连接、打通，形成彼此开放连通的空间格局，其困难远非新建项目可比，这是公园城市建设的最大难点，也是最大亮点。成都在建设公园城市示范区的实践中，按照公园城市“景区化、景观化，可进入、可参与”的理念，通过城市有机更新的方式，于 2017 年启动“两拆一增”专项工作，把城市有机更新深入地做到了“院子”里，使居民可以在原本被围墙包围的空间自由进出，享受到开放的绿地和空间，享受到城市的美好。

探索和实施了许多创新性举措

观念的转变带动了思维的创新，在建设公园城市示范区的实践中，成都探索并实施了许多具有示范意义的创新性举措。例如，打造特色街区雅集、公园生态游憩项目，引入新消费业态，释放消费潜力，以“公园+”“绿道+”的模式，营造充满活力和生活气息的城市场景。又如，通过导入绿化绿地、休闲活动、餐饮服务、运动健身等系列功能和服务，形成美好生活特色街区，建成能让居民呼吸清新空气、感受休闲快乐、接受文化体验、享受满意服务、拉近彼此关系、增加人间温情、体现开放共享的“上班的路”和“回家的路”。再如，推进社区绿道“串街连户”，构建15分钟社区生活服务圈，培育更多新经济新业态和应用场景，让市民有更多休闲、消费、娱乐的新选择。

一座拥有全域生态美境，园中建城、城中有园、城园相融、人城和谐的新成都，正逐渐优雅而艳丽地呈现在人们面前。

文 / 庞学铨

浙江大学哲学系教授，外国哲学、休闲学博士生导师，浙江大学旅游与休闲研究院院长，浙江省大运河文化保护传承利用暨国家文化公园建设工作专家咨询委员会委员。

成都：千年流转的园林之都

两千多年来，成都一直有着“园林之都”的美誉。成都园林独具川西风格，在中国园林史上独树一帜，至今还闪耀着绿光。

成都园林的千年实践

成都最早的造园活动可以追溯到公园前 4 世纪的古蜀国。

“蜀王妃物故，蜀王哀之，乃遣五丁之武都担土，为妃作冢，盖地数亩，高七丈，上有石镜。今成都北角武担是也。”《华阳国志》的这段记载说明，蜀王开明九世在为王妃营造墓园时，从成都北郊的武都担土垒山，然后修建祠庙、园亭，于是，武担山便成了成都最早的名胜之地，也是成都园林的雏形。

前 310 年，秦国国相张仪为筑成都城，四处掘地取土，形成了城北的万寿池、城东的千秋池和城西的柳池。这些池塘经过引水、种花插柳，修建宫殿、亭阁，一时皆为成都的游览胜地。

西汉时期，川西平原上出现了不少的地主庄园，最有名的是临邛（今邛崃市）富豪卓王孙的私家花园，已经具有相当大的规模。另一处则是他女儿卓文君和司马相如因风流佳话而留下的园林胜迹文君井，其园小巧别致，颇具川西园林的神韵，直到今天也是邛崃最具代表性的园林。

隋灭周，蜀王杨秀在成都城内凿规模浩大的摩诃池，“蜀官泛舟入此池，曲折十余里”。到唐朝，西川节度使李德裕在成都新繁营造东湖，曲池回廊、古树苍苍。剑南西川节度使韦皋在成都锦江、府河汇流处建合江园，园内建有合江亭、苏华楼，皆是当时的名胜，被誉为“成都园亭胜迹之最”。

五代时，前蜀皇帝王建、王衍父子俩相继扩建摩诃池为皇家园林，并在合江亭旧址建芳华园，百花潭上游建梅苑。后蜀皇帝孟昶在成都城墙上遍种芙蓉，展“四十里锦绣”，使成都的园林盛极一时，继而有东方“花都”之美称。

自隋以后，四川的寺观园林发展较快，成都的文殊院、昭觉寺、青羊宫、二仙庵，新都的宝光寺、龙藏寺等，除了殿宇禅房规模宏大外，都有数十亩以至上百亩的园林围护，红墙绿树，曲径通幽，庭院清净，环境优美，因而有“第一禅林”“十方丛林”等美誉。

从古至今，没有哪一个园林像成都杜甫草堂这般，将园林艺术和中国古典诗词文学结合得如此紧密。杜甫草堂是唐代大诗人杜甫流寓成都时的故居，一千多年来，无数人游走于草堂，园中山、水、植物皆充满文学韵味，让你隐约感受到杜甫诗中的意境，诗情画意溢于言表。

与杜甫草堂齐名的是武侯祠，其园林景观特色可以借用杜甫的诗句来概括：“丞相祠堂何处寻，锦官城外柏森森。映阶碧草自春色，隔叶黄鹂空好音。”

无论是皇家园林、寺观园林，还是私家园林，成都园林的最大特点就是品位高，具有很强的文化基因。这得益于中国历史上著名的大诗人、大文豪、名宰辅、名学士，他们或因生在四川，或因宦游入蜀，或因避难流寓，他们对成都园林的定位、发展和演变，起到了决定性的作用。

“游锦江”是古代成都人的至爱，直到清朝末期，游锦江、赛龙船依旧是成都最盛大的群体性娱乐活动。从万里桥到九眼桥，游江的画舫和喧哗的笑语溢满锦江，岸边也是人潮涌动，入夜后仍然弦歌不绝。

两千多年来，成都园林逐步形成了两大显著特点：一是成都属四川盆地，有丰富的自然资源和山体水性，所以自然原型成了成都的造园根基，这和气势恢宏的皇家园林、娟秀婉约的江南园林形成了强烈的对比；二是四川的文人墨客较多，因此除了物质性的造园以外，更加强调精神性的造园，也就是“无园不文、因景成诗、因诗成景”。

浑然天成的水润之城

“感谢上帝，在走过这么多险要的路程之后，我见到了一座水城，见到几丝与故乡相似的景象！”历史上的成都，因水网密布、桥梁众多而被杜甫称为“江城”，难怪马可·波罗来到成都，不由得发出这样的赞叹。

马可·波罗不敢相信，在东方，在这个大国偏远的西南部，看到的居然是这样一幅美景：在街道旁纵横交错的大小河流中，穿梭着不同的船舶，有划着船的流动小贩和桥下顽皮嬉戏的孩子，连同迷蒙于街巷、河道里的雾气，样样都让他想起万里之外的故乡威尼斯。

园林的兴盛，必然和“水”相连，自秦蜀郡守李冰在都江堰凿造二江，成都便开启了富饶的天府时代。之后，这个城市陆续引江抱城，将更多的河流——锦江、金河、沙河、御河、磨底河等引及城市。

“水润之都”造就了成都园林的兴盛。在成都历史上的古代园林，最辉煌、影响最深远的莫过于摩诃池，它不仅是几朝几代的皇家园林，最主要的是，无数大诗人、大文豪来此游玩后都被它的美景所折服，将之写入华丽诗篇，流芳后世。

摩诃池是一座以水为主体的宫苑园林，占地500余亩。每当晨雾轻笼，微雨含烟之时，便给人以烟波浩渺之感；而当春阳高照，清波微泛，池面则水光潋滟，又有幽远无际之感。摩诃池建成后，闻名遐迩，文人墨客纷纷慕名前来，留下了许多美妙的诗篇，以畅甫《畅当诗》最为有名："珍木郁清池，风荷左右披。浅觞宁及醉，慢舸不知移。荫林箪光冷，照流簪影欹。胡为独羁者，雪涕向涟漪。"

到五代，王建对其进行了大规模的改造，在岸边增建了许多楼台水榭和一些行廊宫院，改名为龙跃池、宣华苑。有一首《宫词》把当时摩诃池繁盛的情景描绘得十分传神："三面宫城尽夹墙，苑中池水白茫茫。亦从狮子门前入，旋见亭台绕岸房。"

摩诃池除了景色，更让人感怀的是后蜀皇帝孟昶和花蕊夫人的爱情故事。苏东坡曾讲过一个故事：他七岁时遇到一位老尼，老尼说她曾跟师父在摩诃池边巧遇过孟昶和花蕊夫人，花蕊夫人还吟唱起一首小词——"冰肌玉骨，自清凉无汗……"四十年后，当老尼唱给苏东坡时，只依稀记得开头两句，苏东坡据此补充完整，这便是那首著名的《洞仙歌》。

后蜀被灭后，摩诃池开始衰败。公元1173年，陆游来到摩诃池，虽然景色不在，但依旧让诗人感慨："摩诃吉池苑，一过一销魂。春水生新涨，烟芜没旧痕。年光走车毂，人事转萍根。犹有宫梁燕，衔泥入水门。"

明朝时，为建蜀王府，摩诃池被填去了一大半。清代，官府在蜀王宫的废墟上建起了贡院，摩诃池就只剩下西北角一个小小的水塘，到四川军政府成立的那一年，即1914年，兴盛了1300多年的摩诃池彻底消失，成了新军的操练场。

2014年5月，考古人员在成都体育中心发掘出了摩诃池部分遗址，直到今天，这里的考古发掘工作仍在继续，据说，待发掘工作结束后，这里将建成一个遗址博物馆。

对于因水而生、因水而兴的成都，水生态的建设尤为重要。2017年4月，成都全面实行了"河长制"管理，强力实施水环境综合整治，在美丽宜居公园城市建设的目标下，绿满蓉城、花重锦官、水润天府的千年盛景，正在渐渐回归。

渐行渐近的城市公园

春秋战国时期，秦灭蜀后，秦国国相张仪被秦惠王派来成都，按照咸阳的规制在成都建起了太城（亦称大城）和少城（亦称小城）。

历经千年，太城和少城的范围有所变化，但基本规制没有变。清朝八旗军占领成都后，在少城遗址上建立了八旗营地，专供旗人居住，外人是不能随便进入的。成都籍著名作家李劼人在他的“大河三部曲”中，对此有非常详尽的描述。

1911 年辛亥革命爆发，少城才打开了神秘的大门，真正和成都融为一体。

曾经高高在上的旗人由此跌入凡尘，失去优越感的同时，也失去了生计，为了让他们活下去，成都劝业道周孝怀将祠堂街关帝庙后侧的水田、荒地以及附近旗人居住的三条胡同拆除，请来全川的能工巧匠，修建了迎禧楼、观稼楼、松韵楼、湖心亭等，形成了面积达 50 余亩的“少城公园”，只允许旗人在园内开业谋生，收取门票，供人游观。

自此，成都有了历史上的第一座城市公园。

城市公园的出现，和当下的广场异曲同工，成为民众分享公共生活的重要场所。

当年，四川爆发了保路运动，民众主要的集会场所就在少城公园。两年后，人们在少城公园竖立了保路运动纪念碑，少城公园顿时声名远播，成了全国知名的城市公园。1950 年，少城公园更名为“人民公园”。

少城公园的诞生，不仅改变了老成都人的生活方式，同时也开启了成都现代城市公园之都的旅程。此后，成都陆续建设了一批城市公园：位于春熙路的中山公园，位于西一环路的百花潭公园，位于东一环路的新华公园，等等。不过，这个时期的公园，功能都非常单一，仅供市民休闲、聚会之用。

2002 年开始启动修建的成都浣花溪公园，虽然脱胎于杜甫草堂的历史文化内涵，但大量运用了现代园林建筑理念，是一座将自然景观与城市景观相结合、古典园林与现代艺术相结合的城市公园，是成都最大的开放式森林公园，也是成都现代城市公园转型的代表之作。它的名字源于“浣花女濯涟洗纱”的美丽传说。据说，浣花夫人在小溪边浣衣，遇到一个遍体生疮的僧人，僧人请求浣花夫人帮他清洗衣裳，浣花夫人没有嫌弃。当她在溪水中洗涤僧衣时，一瞬间，溪面上竟然开满了莲花，浣花溪由此得名。

成都非物质文化遗产主题公园占地近5000亩，是按照“传承历史文脉、保护文化遗产、融入生活方式、守望精神家园”的要求设计而成的人文与自然交相辉映的主题公园。2007年5月23日至6月9日，公园举行了具有国际影响力的“中国成都国际非物质文化遗产节”，集中展示了我国和世界非物质文化遗产中的民间文学、美术、手工技艺等。

自2018年起，成都将目标锁定在公园城市的发展方向上，一大批绿色工程相继上马。

两千多年来，成都城名未改、城址未迁；今天，成都正在经历一次深刻的变革，成为中国最具代表性的公园城市，延续着流转千年的园林之都。

文 / 蒋光耘

资深编剧，著有《芙蓉公主》《小拉姆的婚事》《流坑村的女人》《赵一曼》《国旗飘飘》《传薪酬》《一路繁花》等多部作品。

广州

GUANGZHOU

广州：老城市新活力

老城广州，万象更新。

2018 年 10 月，习近平总书记在视察广东时，要求广州实现老城市新活力，在综合城市功能、城市文化综合实力、现代服务业、现代化国际化营商环境方面出新出彩。

2019 年，中共中央、国务院印发《粤港澳大湾区发展规划纲要》，对广州在粤港澳大湾区的战略定位、发展目标、空间布局等作出了顶层设计。

广州牢牢扭住粤港澳大湾区建设这个“纲”，奋力实现老城市新活力，推动广州国家中心城市建设全面上新水平，着力建设国际大都市；枢纽型网络城市格局不断优化，城市综合能级不断提升，国际商贸中心功能不断增强，科技创新实力不断提升；“微改造”遍地开花让老城留下乡愁记忆，营商环境不断升级让中小企业能办大事，科创赋能推动经济结构持续优化；湾区所向，港澳所需，广州所能，一个轨道交通串联、资源要素自由流动的“广州 +”朋友圈呼之欲出……

勇立潮头的广州，从来不缺乘风破浪的胆魄和变革求新的锐气。于变局中开新局，广州惯饮“头啖汤”，再踏新征程。

新使命：出新出彩

2020 年 8 月 28 日，中国广州投资年会上，百度创始人李彦宏为广州在人工智能等新兴战略领域的前瞻布局点赞。“广州长期引领着中国科技创新发展的方向，广州开发区是粤港澳大湾区的核心腹地。”李彦宏这句话的背后，是百度与广州开发区在智能网联驾驶领域合作取得的丰硕成果。

同一天召开的广州市委十一届十一次全会上，以更强担当在加快形成新发展格局中积极探索、走在前列，以更高质量推进实现“老城市新活力”“四个出新出彩”成为与会人员的共识。

发挥示范引领作用，实现老城市新活力，是总书记交给广州的重要政治任务，也是时代赋予广州的最新使命。

千年商埠广州，曾在多个重要关口为中华民族担负特殊使命。

明清时期闭关锁国，广州在很长时间内是全国唯一的通商口岸，中国的丝绸、瓷器与茶叶通过这里走向世界，西方的先进技术与商业文明也从这里开始影响中国。

近现代历史上，广州是革命的重要策源地，是孙中山领导的国民革命的大本营，也是中共三大的召开地。

改革开放之初，广州再次担当起为国开门、为国探路的伟大使命，那个时候的广州是外资入华的桥头堡，是全国经济的发动机，为中国的现代化征程提供了宝贵的资金与经验。

在我国的城市体系中，广州遇到的问题具有代表性，广州的尝试和探索具有借鉴意义。紧扣老城市和超大城市发展的特点与规律，让老城市持续焕发新活力，这是广州承载的期许，亦是广州的时代使命。

老城市新活力涉及方方面面，而“四个出新出彩”是实现老城市新活力最集中、最重要的体现。

广东省委书记李希强调，广州要以老城市新活力为指向，以“四个出新出彩”服务省会功能、产业发展、宜居环境，努力在推动粤港澳大湾区和支持深圳先行示范区建设中走在前列。

2019年10月，《中共广东省委全面深化改革委员会关于印发广州市推动“四个出新出彩”行动方案的通知》（以下简称《通知》）下发，明确要求把支持广州“四个出新出彩”、实现老城市新活力与支持深圳先行示范区建设紧密结合起来，“以同等的力度全力推动实施”。

根据《通知》，到2022年，广州要在城市能级、经济规模、创新带动力、要素集聚力和集中力量办大事的能力方面明显提升，在经济中心、枢纽门户、科技创新、文化引领、综合服务、社会融合等六大功能上取得新突破。

新定位：湾区引擎

2018年9月，一辆自香港西九龙站开出的列车抵达庆盛站，8名来自香港的创业青年来到南沙，前往南沙区政务服务中心进行企业注册。他们是广州南沙“创汇谷”粤港澳青年文创社区香港青创空间的第一批入驻者。

95后黄伟憧是其中一员。自此，周一到周三在香港跟客户见面、联系客户，周四到周末在南沙或大湾区拜访供应商、处理内地业务，成了黄伟憧一周的行程。

“我觉得南沙一直在高速发展的路上，在政策方面，我感受特别深的是对于港澳青年的扶持办法、资助越来越给力，甚至在香港基本隔一两天就会有南沙推出新政策的消息。”黄伟憧说。

作为广州最年轻的行政区，也是唯一的广州副中心，南沙的飞速发展是广州作为大湾区核心引擎力量的彰显。

夜幕降临，从太空俯瞰，环绕珠江口灯火璀璨，粤港澳大湾区连成星河。

历史的机遇，再次向广州张开怀抱。《粤港澳大湾区发展规划纲要》提出，以香港、澳门、广州、深圳四大中心城市作为区域发展的核心引擎。这是国家大战略赋予广州的重大使命。

从“九五”到“十二五”，曾经的“华南中心城市”广州，城市定位不断更新，经历了区域性中心城市、现代化中心城市、现代化大都市、国家中心城市的“爬坡”升级。

进入21世纪，广州提出“南拓、北优、东进、西联”的“八字方针”，番禺、花都撤市设区，使广州市辖区面积从调整前的1443.6平方千米跃升至3718.5平方千米，增加了近2倍，视野更宽，格局更广。

2009年，国务院颁布《珠江三角洲地区改革发展规划纲要》，广州作为国家中心城市、综合性门户城市、国际大都市的发展定位上升到国家战略层面，中国五大中心城市中，除了广州，其他4个城市均为直辖市。

“十三五”时期，“三大战略枢纽”（国际航运枢纽、国际航空枢纽与国际科技创新枢纽）、“三中心一体系”（国际航运中心、物流中心、贸易中心和现代金融服务体系）、“国家创新中心城市”成为广州城市定位新的关键词。

最新的《粤港澳大湾区发展规划纲要》是新时期广州定位与格局的蓝图——在对粤港澳大湾区进行整体定位的同时，明确了广州与深圳、香港、澳门发挥优势、合理分工、功能互补和错位发展，并对广州明确了作为“湾区城市客厅”在一系列领域的核心引领作用。

广州市委书记张硕辅谈到《粤港澳大湾区发展规划纲要》对广州的5个定位时表示：建设国际大都市是目标要求，打造区域发展核心引擎是重中之重，充分发挥国家中心城市和综合性门户城市引领作用是应有之义，全面增强国际商贸中心、综合交通枢纽功能是当务之急，培育提升科技教育文化中心功能是长久之策。

《广州综合交通枢纽总体规划（2018—2035年）》（以下简称《规划》）强

调，到2020年基本建成国际性综合交通枢纽，到2035年建成全球交通枢纽，实现12小时全球航空交通圈，构建支撑人和商品国际交流持续发展的现代化枢纽城市，聚集掌控资本流动和文化话语权的雄厚实力。

作为国家重要的中心城市，广州顺应全球新一轮城市竞合浪潮，以“枢纽型网络城市”战略参与国际竞争，四通八达的交通网络成为城市的基础竞争力。

除了机场、港口和铁路等大型交通枢纽外，广州东西南北多个方向，也在围绕着片区枢纽和片区核心延伸发展。东部的黄埔临港经济区一带、中新知识城一带，以及增城的新塘一带，北部的空港经济区，西部的白鹅潭，还有南部的万顷沙，这些势头正旺的板块亦是城市发展的重心所在。

据广州市发改委党组成员、副主任周青峰介绍，为促进站城融合发展，大力发展枢纽经济，广州正逐步完善“轨道 + 社区 + 产业”融合发展机制，打造枢纽经济集聚区，规划建设一批“交通 + 物流 + 产业”基地，培育各具特色的枢纽经济增长极，城市发展与交通枢纽融为一体。

摊开A字形的珠三角地图，跨过港珠澳大桥，掠过虎门大桥，直至南沙大桥，俯瞰粤港澳大湾区，广州就位于湾区之顶，处于地理几何中心。

粤港澳大湾区建设为广州城市发展提供了重大机遇，也提出了更高要求。为焕发新活力，展现自身的定位、担当和作用，广州如今正紧紧围绕“湾区所向、港澳所需、广州所能”，把港澳的发展需求和广州的优势、资源结合起来，并携手珠三角兄弟城市优势互补，共同推进粤港澳大湾区建设。

广州市政府有关负责人介绍，接下来，广州还将围绕自身定位，聚焦营商环境规则体系对接，继续推进交通基础设施互联互通，加强区域城市深度合作。

营商环境是广州的“金字招牌”。2019年国家营商环境评价中广州位居全国第3位，5次登上福布斯“中国大陆最佳商业城市”榜首，连续2年登上中国“机遇之城”榜单首位，地方法治政府评估中连续6年稳居前5名……

2020年1月，广州制定并实施《广州市对标国际先进水平全面优化营商环境的若干措施》，提出对标世界银行评估标准，对照国内外最佳实践，以最高最好最优为目标，坚持以市场主体获得感和满意度为导向，在持续推动现代化、国际化营商环境方面出新出彩。

"近几年开发区营商环境变化特别大，给了我们更多的发展信心。"珍宝巴士集团总裁介绍，2019 年 3 月，珍宝集团总部及 5G 智慧公交产业园破土动工，企业拿到了政府主动提供的审批流程图，一次性告知需要办理的事项，能同时办的事项绝不浪费时间。有些事项实施全信任审批，企业仅需提交一份告知承诺书，就取得行政审批决定，随后再补齐要件，大大缩短了企业开工建设的周期。

2020 年 1 月 1 日，《中华人民共和国外商投资法》正式施行。为把握新一轮开放红利，广州优化外商企业备案报告程序，全市外商投资企业备案时限缩短至 1 个工作日。

《广州市对标国际先进水平全面优化营商环境的若干措施》提出，2020 年实现商事登记、刻制印章、申领发票半天办结，一般企业注销"一事一网一窗"办理；加快实现"四个一"，即：企业间不动产转移登记一小时办结、企业不动产抵押贷款一天办结、不动产转移登记与电水气过户一窗联办、不动产交易登记与缴税一网通办。

目前，世界 500 强企业已有 301 家在广州投资或设立机构，在打造"全球企业投资首选地""最佳发展地"进程中，广州提出在"更广维度上提升法治化、提高便利化"，"让全世界投资者感受效率与公平"。

法治化既是改善营商环境的重要手段，也是营商环境的重要组成部分。近年来，广州不断在营商环境改革的广度和深度上下功夫，全力打造法治化营商环境"广州样本"。

据广州市市场监管局数据，2020 年上半年，广州实有市场主体 246.63 万户，同比增长 13.08%，其中企业 138.64 万户，疫情防控期间仍保持 20.16% 的高位增长率，营商环境持续向好。

中国社科院等发布的2019年《中国营商环境与民营企业家评价调查报告》中，广州市营商环境综合评分在全国34个主要城市中排名第一。

令人惊喜的数字背后，是广州近些年不断推进营商环境体制机制改革创新。

2019年的机构改革，是广州营商环境一次自我革新的契机。

当年3月，广州开发区营商环境改革局、广州开发区民营经济和企业服务局、黄埔区政务服务数据管理局（广州开发区行政审批局）3个部门集中揭牌。梳理这3个部门的“家谱”，一个有趣的现象跃然而出——三者都扮演过全国或全省营商环境改革探路“先锋”的角色。

广州开发区营商环境改革局是广东首个，也是北上广深4个特大城市中第一个直接以“营商环境”命名的机关部门；广州开发区民营经济和企业服务局的前身是2005年全国首创的广州开发区企业建设局；黄埔区政务服务数据管理局（广州开发区行政审批局）实行一个机构、两块牌子，作为全省首个行政审批局，该部门打造出项目审批“高速公路”，不少做法被外地借鉴。

新一轮优化营商环境，广州的着力点放在技术赋能。

《广州市对标国际先进水平全面优化营商环境的若干措施》明确提出，深化5G、区块链、人工智能、大数据场景应用等技术，聚焦“人工智能+”，形成不少于60个技术领先的应用场景示范项目；深化智慧法院建设，完善广州微法院、律师通、法官通、移动执行等掌上融合移动服务体系。

新动能：创新发展

“创新技术如何转化成一个有不断创新活力的百年企业？”这个问题曾让广州易活生物科技有限公司CEO兼创始人廖玮思索良久。他发现，要回答这个问题，首先要回答的是产业化从哪里开始。

他最终选择了广州。

在廖玮看来，技术产业化需要把技术、产品、市场、运营资本等“各个珍珠串在一起”，大珠小珠落玉盘，“玉盘”就是广州。

作为全国重要的工业基地、华南地区的综合性工业制造中心，广州多年的发展，已形成了门类齐全，轻工业较为发达、重工业有一定基础，综合配套能力、科研技术能力和产品开发能力较强的外向型现代工业体系。全国 40 个工业行业大类中，广州就拥有 34 个。随着先进技术的引进，轻纺、食品、医药、建材等传统行业升级换代，以电子通信、家电、精细化工、石油化工为行业领头的许多新兴产业及高科技产业迅速发展。广州拥有汽车、石化、电子、电力热力生产供应等 4 个千亿级产业集辟，这样完备的工业体系在珠江三角洲、华南地区乃至东南亚一带都具有显著的比较优势。

广州也是全国三大金融中心之一，金融市场活跃，金融机构发展迅速、门类齐全，是华南地区融资能力最强的中心城市。广州是全国外资银行第二批放开准入的城市之一，目前，外资金融机构在广州设立分行和办事处超过 30 家，外资保险机构在广州设立的分公司和办事处超过 10 家。华南美国商会发布的《2018 年中国营商环境白皮书》和《2018 年华南地区经济情况特别报告》显示，广州是中国最受欢迎的投资城市。

“广州在过去 40 年中打造出来一个非常完整的产业体系，这个产业体系如果能够辅之以互联网以及云、人工智能等方面的技术，其爆发力是可预见的。”阿里巴巴集团副总裁郭继军表示。2019 年，阿里巴巴的工业互联网总部落户广州。

诚如郭继军所言，促进产业升级的动能正从传统互联网产业逐渐延伸至产业链的上下游。随着广州在国际市场的影响力不断提升，高端要素的聚集为广州实现新旧动能转换、助推产业升级注入新的活力。

48 小时之内，凯普生物生产的核酸试剂盒就获得了欧盟的 CE 认证；2 周之内，广药集团完成磷酸氯喹片的复产，“老药新用”的磷酸氯喹片纳入新冠肺炎第 7 版诊疗方案。疫情防控期间，生物医药企业体现出的“广州速度”，背后是广州近几年包括生物医药在内的新兴产业发展的“硬核实力”。

此前，广州在战略性新兴产业“十三五”规划框架下，出台了《广州市加快生物医药产业发展实施意见》《广州市加快生物医药产业发展若干规定（修订）》《广州市推动新能源汽车发展的若干意见》《广州市轨道交通全产业链系统推进若干意见》等政策措施，推动战略性新兴产业各领域集群加快发展。

“我们就是要通过生物医药、新一代信息技术、新能源、新材料、高端装备制造为代表的战略性新兴产业，推动实现广州经济高质量发展。”广州市市长温国辉说。

新兴产业集聚的同时，广州的传统产业也在通过与工业互联网、大数据、人工智能等深度融合，加速新旧动能的转换，打造国家服务型制造示范城市和全球定制之都。

广州增城的索菲亚生产车间内，亚洲首条定制衣柜柔性自动化生产线每天能够生产 45 万件完全不一样的板件。在索菲亚副总裁张挺看来，“数字化生产系统给每一项工作都做了精确计算和安排，大大提高了产能利用率”。

根据广州市统计局官网公布的数据，2019 年，广州市先进制造业增加值占规模以上工业增加值的比重为 58.4%。高技术制造业增加值同比增长 21.0%，对全市规模以上工业增长的贡献率为 57.2%；占规模以上工业增加值的比重为 16.2%，同比提高 2.8 个百分点。工业中的传统行业转型升级持续推进，健康时尚类的化妆品制造业产值增长 19.1%；智能化、个性定制类的家用电力器具产值增长稳定，增速为 8.1%。全市工业新旧动能接续转换，产业结构不断迈向高端化。

珠江之畔的广州人工智能与数字经济试验区琶洲核心片区，高楼大厦如雨后春笋般拔地而起。未来，这里会成为人工智能与数字经济技术创新策源地、集聚发展示范区、开放合作重点区和制度改革试验田。

如今，在广州，这样的创新因子越来越多。从“一区三城十三节点”、大科学装置到国家级产业园区，从“广州科创 12 条”“广聚英才计划”到建立最严格的知识产权保护制度，广州不断汇聚高端科技资源，持续完善创新生态，加快打造科技创新强市。

2019 年 5 月 22 日举办的第十届中国卫星导航年会上，广州本土企业海格通信对外同时发布 2 款“中国芯”，全频点覆盖的卫星导航高精度芯片——“海豚一号”基带芯片、北斗三号 RX37 系列射频芯片。同一天，国内首个大型综合体立体防控平台“超维智脑”也正式发布，采用的是基于海格通信北斗高精度多源融合定位技术、移动增强现实技术（MAR）实现的全人群主动与被动定位跟踪、全场景实时感知和全自动无人机机动应用。

从“中国芯”到“超维智脑”，背后是广州战略性新兴产业集群日新月异的发展。

近年来，广州市认真贯彻落实创新驱动发展战略，不断优化产业发展环境，形成了具有竞争优势的战略性新兴产业集群，连续获得 2018 年度、2019 年度国务院督查激励。

在广州市战略性新兴产业“十三五”框架下，广州市进一步聚焦新一代信息技术、人工智能、生物医药、新能源、新材料等重点领域，出台了一系列支持产业集群的政策措施。

与此同时，广州还分别成立了总规模均达 100 亿元的生物医药、人工智能、轨道交通等产业发展基金；2016—2018 年，共安排专项资金 31.4 亿元支持一批战略新兴产业项目，推动战略性新兴产业各领域集群发展。

2020 年 12 月，世界知识产权组织等发布《2020 年全球创新指数报告》，对 131 个经济体的创新能力进行排名，中国排名第 14 位，在多个领域表现出领先优势。全球创新集群百强，中国入围 17 席，其中，深圳—香港—广州创新集群排名全球第二。广州与香港、深圳的强强联合，串起的是南粤大地上的一条“创新大动脉”。

惯于求新求变的广州，如今呈现的每一分便利、多元、高效，都与创新发展密不可分。

中国发展研究基金会与普华永道2020年9月联合发布《机遇之城2020》报告，广州再度上榜。

“机遇之城”的得名，一方面源自广州创新发展的“强大”脑力支撑——拥有粤港澳大湾区中数量最多的高校以及众多的高精尖科技创新平台和高新科技企业，以产业创新吸引人才聚集；另一方面得益于广州与国际对标，不断优化的营商环境——政府部门持续改善政务服务，缩短各项审批流程，以“广州速度”“广州效率”赢得口碑，吸引越来越多海内外企业来广州投资。

如今，广州正依托国际航运、国际航空、国际科技创新三大战略枢纽建设，强化城市枢纽功能，积极参与全球资源配置，进一步吸引全球人流、物流、资金流、信息流向广州集中，从而不断催生出经济发展的新动能。

新文化：流光溢彩

广州荔湾老城区西关片区，一片绿树葱茏掩映的高墙内，不时传出婉转悠扬的粤剧腔调。这个曾经的粤剧活动重要聚集地、粤剧名伶的聚居区，如今正是广州粤剧艺术博物馆的所在地。

被誉为“南国红豆”的粤剧，是继昆曲之后第二个被列为世界级非遗项目的中国戏种。在广州这座国际化大都市中，粤剧粤曲根植于城市之中，成为许多“老广”心中挥不去的乡愁，也是最具特色的广州文化符号。

2019年2月出台的《粤港澳大湾区发展规划纲要》明确提出共建人文湾区，支持弘扬以粤剧等为代表的岭南文化，彰显独特文化魅力。同年10月，广州粤剧艺术博物馆牌坊广场上，粤剧粤曲文化（荔湾）生态保护实验区、广州文艺市民荔湾空间先后揭牌。这也是广州为打造岭南文化中心迈出的重要一步。

凝聚岭南文化精华，引领文化湾区建设，建成国际文化中心，是广州的雄心。《广州市推动城市文化综合实力出新出彩行动方案》提出，广州要全力打响红色文化、岭南文化、海丝文化、创新文化四大文化品牌，建设社会主义文化强国的城市范例。

事实上，文化品牌的打造，文化强市战略的实施，都离不开生活在这座城市的市民。

近年来，广州文化事业开出亮眼成绩单：公共文化服务水平不断领先，文化产业快速发展壮大，粤港澳大湾区文旅交流逐渐深入，文化艺术精品不断涌现。种种成绩背后，是广州市民文化获得感、幸福感、安全感的大幅提升。

截至 2020 年 3 月，广州全市公共图书馆服务网点 1566 个，每 6.2 万人拥有一座公共图书馆。其中，广州图书馆建筑面积近 10 万平方米，是世界以城市命名单体面积最大的公共图书馆。“图书馆之城”日渐成形。

而随着广州粤剧艺术博物馆、南越王宫博物馆等的建成，广州全市博物馆与纪念馆数量也从 2005 年的 35 个发展到现在的 64 个，成为名副其实的“博物馆之城”。

以建设“图书馆之城”“博物馆之城”为载体，特色各异、星罗棋布的“文化城堡”被一一构筑的同时，广州市民的精神世界也不断丰富。

作为第一批国家文化消费试点城市，广州先后出台旨在加快文化产业创新发展、促进“商业 + 旅游 + 文化”融合发展等“1+8”系列文化产业政策，推进各类惠民文化消费，持续释放文化消费潜力。

作为“世界十大歌剧院”之一的广州大剧院，每年上演各类知名作品、演出近 400 场，先后成功引进《剧院魅影》《阿依达》等世界经典剧目。全市 255 家电影院，2019 年电影票房总计 23.87 亿元人民币，居全国第 4 位。

此外，广州的“羊城之夏”等惠民文化品牌影响力、辐射力也持续提升，每年推出文化惠民活动超过 2 万场，累计服务市民达 1000 万人次，“乞巧节”“波罗诞”“广府庙会”“盘古王诞”等传统民俗文化活动亮点纷呈，市民群众对优秀传统文化的感知度不断提升。

文化消费品质的提升，也带动了广州文化产业的蓬勃发展。目前，广州全市共有珠江钢琴、长隆集团、珠江电影等上市文化企业 35 家，高新技术文化企业逾 1300 家，建成 220 多个文化创意产业园（基地）。2018 年，全市文化产业增加值 1369.69 亿元，占地区生产总值的比重达 6.52%，成为超千亿元产业和新的支柱性产业；人均文化娱乐消费支出 4991 元，居全国第一。特别是新兴业态，呈迅猛发展之势，游戏产业总营收占全国三成以上，网易、唯品会、三七互娱等 8 家广州本土互联网企业入选 2019 年全国互联网企业百强，“喜羊羊与灰太狼”“猪猪侠”等四大动漫系列入选全国动漫十大品牌。

文化的出新出彩，也推动了广州旅游业的大发展。

“商业 + 旅游 + 文化”的融合发展，正让广州成为世界了解岭南、了解中国的重要窗口。

2019 年全年，广州旅游接待规模为 2.45 亿人次，实现旅游增加值 1894.09 亿元，约占地区生产总值的 7.9%。

作为连续 4 届当选亚太城市旅游振兴机构（TPO）会长的城市，广州在“中国旅游目的地国际知名度”排名中居全国第 3 位。

新典范：幸福城市

一年前，家住广州市南岗四航塘头小区的杨叔，还是一个“不愿下楼”的老人。“那时候，小区里都是泥巴路，平时尘土飞扬，开窗两分钟，桌上就有一层灰。”

2019 年老旧小区微改造，“泥巴路”铺上了沥青和整齐的防滑透水砖，还画上了彩色的图案，新开辟的小区休闲广场上，安装了运动器械，砌了新的石桌石凳，加装了路灯和照明设施。杨叔和其他老人们如今最惬意的，就是在小区里那棵几十年树龄的榕树下聊天、下棋、乘凉……

漫步在广州街头，因为“三旧”改造而脱胎换骨的老街、旧厂、城中村几乎随处可见，大批“三旧”改造精品项目，使城市资源进一步被盘活，生活配套更完备的同时，城市面貌也焕然一新。

广州是中国城市化进程的一个缩影。

北起越秀山，经过中山纪念堂、人民公园、海珠广场，南抵珠江边，一条近3千米长的城市传统中轴线，见证了广州2200多年的历史变迁。

新中国成立后，在快速的城市发展过程中，一批批工业区向城市周边蔓延，特别是20世纪60年代黄埔港的建设，牵引着广州沿着珠江北岸不断向东发展。

1987年，广州城市空间结构演化迎来关键节点。借助全国第六届运动会的举行，广州建设了大型体育赛事场馆——天河体育中心，从而带动了天河新城区的迅速发展。

如今，从天河路商圈到珠江新城，已成为整个广州经济、金融、商务活动的新中心。羊城之巅，高耸入云的广州塔引领着新中轴线上的建筑群落，遥相呼应的东塔和西塔，如同广州的新门户，花城广场则成为新的城市会客厅。

“变轴”为老城区腾笼换鸟赢得了空间。“工业大道再无工业，曾经的旧厂房、集体旧物业正在变身为科创园区。”海珠区委书记马正勇说。通过空间再生产、产业再导入，老城区又重新焕发活力。

作为全国城市更新最活跃的城市之一，从第一个完成整村改造的城中村琶洲到万众瞩目的猎德村、徘徊十年的冼村，再到目前251个已批未完工的城市更新项目，城市更新已成为广州优化城市功能布局、活化区域经济、改善人居环境、保护历史文化街区、节约集约高效用地、提升城市品质和能级，推动老城焕发新活力的有力抓手。

2020年8月，广州市委十一届第十一次全会审议通过《广州市关于深化城市更新工作推进高质量发展的实施意见》和《广州市深化城市更新工作推进高质量发展的工作方案》，对新一轮城市更新作出重要部署。

启动“三旧”改造10年后，从让人们记住乡愁的永庆坊，到让城市留下记忆的旧南海县，再到全民参与制定微改造方案的兰蕙园，广州城市更新进入了新一轮提速发展期。

新冠肺炎疫情的暴发，对广州城市治理和更新、人居生活环境等提出了更高的要求。为了下好城市更新这盘大棋，广州统筹推进“三旧”改造、专业批发市场转型疏解、低端物流园区整治、村级工业园整治、“散乱污”整治、违法建设治理、黑臭水体治理等城市更新 9 项重点工作及垃圾分类，坚持“改造治理与新增建设相结合”，推动城市生产空间、生活空间和生态空间进一步释放。

2020 年 9 月初，在一场深化城市更新推进高质量发展专题新闻通气会上，广州传递出一个重磅信息：未来十年，广州市将有 300 多个城中村启动城市更新改造工作。

这一轮城市更新，将更加聚焦发展城市重要交通枢纽地区，“跳出广州发展广州”，“支持城市轨道站点周边、高快速路及城市主干道路涉及的更新项目，加快中心城区与几大交通枢纽联系通道的贯通；以城市更新加快广佛高质量发展融合试验区建设，推动更高质量的广佛同城化发展”；同时，进一步提升广州国际航空、航运枢纽与物流能级。例如，对广州南站、白云棠溪站等综合交通枢纽区域，形成的是站、城一体化发展模式，高度整合城市空间与交通功能，使枢纽片区发展更具潜力，为人口导入、空间格局提升插上翅膀。

“城市更新正成为广州‘十四五’时期高质量发展的战略抓手，也将为全国老城市焕发新活力探索新鲜经验，为全国全省形成优势互补、高质量发展的区域经济布局作出积极贡献。”广州市住建局相关负责人说。

下一个 10 年，广州划了 3 个“圈层”，通过城市更新推动实现“产城融合、职住平衡”的目标。新一轮城市更新，更加突出高标准配建教育、医疗、养老等公共服务设施，统筹解决低收入人群和“新市民”住房需求，满足住有宜居需求。

城市更新，最终落脚点在人。所有的城市更新建设，目标都是让居住在这座城里的人民能感受到城市的品质、城市的温度，增强生活在这座城市里的幸福感、获得感。

经历旧村改造后，如今的白云区大源村人居环境得到大幅提升，增设山体公园、口袋公园，规划公共绿地 11.09 公顷。在城市更新过程中，大源村进行了全方位改造提升：增加市政道路，完善公共服务配套，市政设施升级，立面线路整治……根据《广州市城乡规划技术规定》配置公共服务设施，大源村共增加、提升了 11 类 28 处公共服务设施。大源村旧村改造相关负责人表示，随着旧改不断成熟，单一改造已逐步走向全域改造，城市更新也正在向城市经营转变。

旧改范本天河区猎德村，改造区域新增绿化面积 1 万多平方米，绿地率由原来的不到 5% 提高到 30%，猎德涌由臭水沟变成了清水河。村民集中安置，村内建筑密度从 60% 降低到 28%，直接节地面积约 247 亩。

“以产业为引领推动城市更新，重塑经济生态并吸引人口集聚，构建真正宜居宜业宜游的优质生活圈。”负责猎德村改造的富力集团城市更新负责人说。

从简单的拆旧建新到走向全域的综合提升改造，广州城市更新既作为一个永续的过程贯穿于城市发展的各个阶段，又在不同的发展阶段呈现出不同的更新模式。

用顶层设计的角度强调城市更新是城市高质量发展的新路径，以城市更新作为推动力，提升城市的文化价值，改善城市的生活条件与环境风貌等，充分释放城市的发展潜力，实现新旧功能转换，从而保持并提高城市的竞争力，以实现可持续发展，这是广州新一轮城市更新的“粤改经验”所在。

经过微改造的恩宁路永庆坊如今是广州的网红打卡点。在街坊和专业人士眼中，焕新的永庆坊，活化的不仅是建筑与居住环境，更有广州的传统文化。

2018 年 10 月 24 日，习近平总书记在视察永庆坊微改造项目时指出，城市更新和规划建设要高度重视历史文化保护，更多采用微改造这种“绣花”功夫，让城市留下记忆，让人们记住乡愁。

为贯彻落实习近平总书记的重要指示精神，广州在国土空间总体规划中，提出以“美丽宜居花城、活力全球城市”为目标愿景，优化城乡功能结构布局，传承历史文脉，营造国际一流人居环境，促进社会协同治理。

在广州城市更新的过程中，优化城市功能布局、体现人文关怀被提升到前所未有的高度。

在广州如今成片连片更新的项目里，将会高标准配置教育、医疗、文化、体育、养老等公共服务设施，协同推进重大基础设施建设。更值得一提的是，考虑到低收入人群和“新市民”的住房需求，更新项目里还会统筹配建公共租赁住房、共有产权住房以及人才公寓，合理配置小面积市场化租赁住房，打造高品质、宜居宜业的生活、生产、生态空间。

2018 年以来，按照习近平总书记视察广东时的重要指示精神，广州还在积极谋划推动市域社会治理现代化。2019 年 11 月底召开的广州市委十一届九次全会，广东省委常委、广州市委书记张硕辅专门就加快推进市域社会治理现代化试点工作作出批示，要求全力推进试点工作，确保在全国走在前列。

天河区是广州较早开启社会治理现代化步伐的区域。

在全国三大中央商务区之一的天河中央商务区内，形成了以现代商贸、金融服务、总部经济为主导的现代服务业体系。外资银行、四大会计师事务所、房地产五大行、市十大律所均聚集于此，经济开放度极高。

但全市城市治理工作难度最大的街道之一车陂街道也在这里。

地处天河区东部的车陂街道，面积 5.6 平方千米，常住人口 20 万，辖 15 个社区和 1 个改制公司，是涵盖城中村、老城区、关闭国企、区域商圈的社会治理综合体。

2014 年以前，车陂街道仅东圃大马路就有 2000 多个“走鬼档”，道路常年拥堵，街道环境脏乱差，摊贩暴力抗法事件多发。

2014 年 11 月 17 日，车陂街道开始探索“天河车陂综合执法模式”。

公安与城管合力解决了路面问题，但对于社区内的问题，车陂街道决定从网格精细化管理入手，提高科学化、专业化、智能化治理水平。为此，天河区构建了“街道统筹、社会参与”的网格化服务管理体系，在不增加人员编制的前提下，整合公安、城管、安监、工商、食药监等行政执法资源，组建“公安 + 城管 +N”的综合执法大队，下设路面巡逻、网格两个执法中队，统一组织协调日常执法、专项行动和工作督导，集中行使治安类、城管类、安监类等 373 项行政执法权。

路面巡逻综合执法中队侧重“前台共管”，网格综合执法中队侧重“后台分流”，重大执法事项经分析研判后进行分流联勤处置，破解了多头执法、交叉执法、推诿扯皮等执法难题，有效解决了“流动商贩”“五类车”等一系列城市管理顽疾。

广州市还明确提出，要形成“5G+ 市域社会治理”综合领域，将维稳、治安和公共服务等工作纳入 5G 端口，抓住新技术对社会生产的组织体系和城市治理的深刻变革机遇，在广州社会治理相对薄弱环节换道超车，在网络安全、信息安全、数据保护领域抢占标准高地，为全国“5G+ 市域社会治理”创立可复制操作程序、技术标准，形成市域社会治理中核心原创的广州技术。

市域社会治理是国家治理的基石之一，加快推进市域社会治理现代化，是推进基层社会治理现代化的关键一环。广州正积极探索超大型城市治理改革的方法和路径，为全国市域社会治理现代化提供实践样本。

作为“中国最具幸福感城市”之一，今天的广州，幸福的人们各有各的幸福：2019 年，7000 多套公租房为住房困难群体解困，长者饭堂服务范围扩大到重度残疾人，新增公办幼儿园学位 5.88 万个，体育场馆惠民超过 1000 万人次，加装旧楼宇电梯 1872 部，完成 2.03 万名外来人员及其随迁人员积分制入户，开展社区共建共治共享中心建设试点……

“绣花”功夫，出新出彩

幸福城市：理想城市的高阶模式

幸福城市，是一个亘古而常新的命题。从16世纪初的乌托邦到19世纪末霍华德的田园城市，从20世纪初的光辉城市、广亩城市到20世纪末的生态城市、低碳城市，都在不断追寻幸福城市的要义。而我们身处的21世纪，更是“幸福城市”理念大爆发的时代，无论是数字城市、智慧城市对城市生活智能化和知识科技可持续创新的探索，还是景观都市主义、公园城市对高质量城市生态和城市环境的向往，健康城市对于城市健康生活的关注，抑或海绵城市、韧性城市对城市安全和抗风险能力的追求，都在对城市幸福生活的定义从不同维度进行拓展。可以说，“幸福城市”在各种城市理念和城市建设目标的基础上更进了一步。

放眼全球，一些国家早已将幸福指数作为衡量国家和城市发展的重要考察指标。早在20世纪70年代初，不丹国王首次提出了国民“幸福指数”，以取代“国民生产总值”的概念。2010年，英国时任首相卡梅伦要求英国国家统计局定制评估国民幸福指数的方案。2011年，巴西国会审议通过一项幸福修正案，将“幸福权”写入国家宪法。此外，荷兰、瑞典、丹麦和挪威等国已对儿童进行“幸福教育”，将幸福概念作为国家研究计划的核心元素。国际上，民意测验机构盖洛普从2012年起每年都会在联合国计划下发布《全球幸福指数报告》，基于人均GDP、健康预期寿命、生活水平、国民内心幸福感、人生抉择自由、社会清廉程度以及慷慨程度等多方面因素评选世界范围内最具幸福感的国家和城市。

在中国，从2007年开始，新华社《瞭望东方周刊》、瞭望智库共同主办的“中国最具幸福感城市”评选活动，迄今已经连续举办了14年。“幸福”这一理念也成为越来越多地方政府的施政目标，有数据显示，截至2015年，已有100多个城市提出建设“幸福城市”，比如，湖南长沙提出建设“宜居城市、幸福家园”；江苏江阴构建了“幸福江阴”综合评价指标体系；广东省在“十二五”规划中明确把“加快转型升级，建设幸福广东”作为未来5年各项工作的核心，并且在2011年公布《幸福广东指标体系》；其他城市如南京、扬州、深圳等也都提出了建设“幸福城市”的目标。

广州：幸福城市的新晋典范

在“中国最具幸福感城市”评选活动中，广州属于后起之秀，虽不像杭州、成都等城市那样长期占据榜单，但是在近几年表现亮眼，并且名次稳步提升——从2010年首次以第8名荣获“中国最具幸福感城市”称号，到2018年上升至第6名，再到2019年以第5名入选。在2020年的调查推选中，广州又一次以综合排名第4名蝉联该荣誉，广州市天河区亦被推选为“2020中国最具幸福感城区”之一。同时，此次活动调查的大数据显示：广州人的收入幸福感、交通幸福度在省会及计划单列市行列中都是最高的，生态环境幸福度排在第 4 位，同时还位居“最有吸引力之城”的前 3 位。

广州屡获殊荣，并不让人惊讶。一方面，广州在我国历史发展进程中具有举足轻重的地位，其不光是近代重要的通商口岸，还是改革开放重要的南向门户，目前已经成为我国重要的全球城市，广州城市的发展，可以说一直引领着中国幸福城市的脚步。另一方面，广州的经济、公共服务、城市创新、城市文化等基础，给予了这座城市获取幸福感的底气：论经济，广州 2016 年以来 GDP 年均增长 6.8%，2019 年人均 GDP 突破 16 万元，达到高收入国家（地区）水平，城市、农村常住居民人均可支配收入分别突破 6.8 万元、3.1 万元，已提前达到全面建成小康社会的目标。若参照发展经济学的观点，广州的文化需求与文化消费潜能正要经历空前高涨的新阶段。论公共服务，与北京、上海等大城市比较，广州的教育质量、社会保障水平与就业质量均位居第二，公共医疗卫生服务质量排名第 3 位。论城市创新，广州集聚了 375 家孵化器、261 家众创空间和超 20 万家科技型企业，是我国重要的创新核心。论城市文化，粤剧是广州千年来的城市代名词，是中国第二个被列为世界非遗项目的戏种，更是与广州城市变革一路随行的“有声证明”。2012 年，时任市长陈建华在“图书馆计划”重启之时提出建设“图书馆之城”，直至 2020 年出台各项条例、建设规划等，为保障收入、引领提高服务效能打下坚实基础。2019 年，广州市公共图书馆覆盖率 87.93%，共有实现通借通还的公共图书馆（分馆）、服务点、自助图书馆 433 个；公共图书馆财政总投入 4.97 亿元，总建筑面积 46.44 万平方米，“图书馆之城”建设正在稳步推进。

城市规划与建设：广州城市的幸福引领

2019 年 6 月，《广州市国土空间总体规划（2018—2035 年）》（草案）在广州市规划与自然资源局官网进行了公示，规划以“老城区新活力”为主题，提出了 2035 年远景目标，进一步向人们展示了幸福城市的决心和魄力。在此，笔者根据此次国土空间规划的主要内容，以及广州在近年来城市建设中的表现，浅要地从城市规划的视角谈一谈广州城市幸福感的来源。

区域规划与协作：广州的幸福格局

广州在粤港澳大湾区中的北端，与深圳、香港等城市相比，向海的地理区位并不占优势，务实的广州人民选择合作共赢。所以在区域规划与协作中，广州一直在积极实践和探寻创新途径。2009年，广州与佛山签署《广州市佛山市同城化建设合作框架协议》，率先开启了同城化的序章，成为我国同城化发展的典范；2012年，广州与清远签订《广州·清远市合作框架协议》，提出“广清一体化”的概念，为省域区域帮扶、一体化发展提供了诸多宝贵经验；2019年，中共中央、国务院印发了《粤港澳大湾区发展规划纲要》，为广州融入区域发展、协同合作提供了更为广阔的发展空间。

从此次国土空间规划中，我们可以看到广州打造区域核心引领地位的野心。首先，广州正在加快建设大湾区“1小时生活圈”，通过提升国际航空枢纽能级、加快国际航运枢纽建设、畅通内外交通运输通道、提升客货运输服务水平来打造枢纽型网络城市。其次，广州正在谋求与周边城市的深度合作，如进一步深化广佛同城化、广清一体化，以及与其他珠江口两岸城市的合作，打造广州大都市圈，力图成为中国经济活力与社会活力的极点。而在大湾区建设中，广州还在积极筹划全面合作示范区，谋划合作机制，以核心引擎勾画大湾区蓝图。

空间结构：广州的幸福底色

广州城市地域的扩张分为1918年以前的封闭式城市扩张时期、1919—1949年的开放式城市扩张时期、1949—2000年的城市地域迅速扩张时期以及21世纪以来的城市地域高速稳步扩张时期。在此次的国土空间规划中，广州以“山、水、城、田、海”为城市基础，构建“三纵五横”的生态廊道体系，以交通骨架衔接重大战略枢纽为多点强化支撑，构建“一脉三区、一核多级、多点支撑、网络布局”的枢纽型网络城市空间结构。其中，重点打造“三城一区多节点”的创新空间格局，发展脉络明晰，亮点颇多，且指导意义较强。

城乡空间网络体系为主城区、副中心、外围城区、新型城镇及乡村5个层面，各尽其责。其中，主城区为核心区域，行使科创、文化交往与综合服务职能；副中心指南沙全域，其中滨海新城承担着粤港澳大湾门户的特殊角色。广州城市发展新阶段的使命是：集聚“一带一路”重要枢纽城市、粤港澳大湾区核心增长极、社会主义强国的城市范例；至2035年，常住人口规模在2000万人左右，并比照2500万左右管理服务人口进行基础服务设施和公共服务设施配置，设立4级公共服务中心体系。这一系列精准且完备的规划内容，为广州城市的进一步发展构筑了调色盘，市民的幸福底色源自于此。在此基础之上，广州市民的生活气息得以焕发，并与城市彰显出来的气质相辅相成。市民的社区归属感、邻里和睦互助关系、邻里信任以及情感共鸣，都是幸福城市的奥义。城市建设带给市民的安全感、获得感，促使城市聚集人气，从而反向激发城市活力。若每一笔触都是浓墨重彩，不仅凸显不出重点，反而会显得杂乱无章。未来，市民幸福感将是广州城市建设中的一抹隐藏色，却又是点睛之笔。

城市更新：广州的幸福助力

广州是一座老城，这座发展了两千多年的城市从来繁荣而务实，给今日的广东留下了大量历史古迹和文化遗产，不可避免地，也附带着大量“老旧和土气”的老城区。这些老城区环境复杂，基础设施严重不足，甚至至今还有许多低洼地经常在雨季陷入“水浸街”的尴尬。但这些地方，却是广州城市最具烟火气的场所，也是这座城市幸福感的底层来源。广州老城的保护与更新，正是致力于发掘和提升这种市井的幸福感。

广州的城市更新由来已久，从2009年率先在全国开展“三旧”改造试点至今，留下了天河区东成花苑、荔湾区广钢新城、荔湾区永庆坊等诸多精品案例。在新的国土空间规划的引领下，城市更新更强调顶层设计，强调产业引领和文化延续。2020 年 8 月，广州市委十一届第十一次全会审议通过《广州市关于深化城市更新工作推进高质量发展的实施意见》（以下简称《实施意见》）和《广州市深化城市更新工作推进高质量发展的工作方案》（以下简称《工作方案》），进一步明确了未来城市更新的工作方向，并逐渐形成“1+1+N”政策体系（《实施意见》+《工作方案》+N 个配套政策文件）。

可以看到，广州在面对需要全面提升的城市地块时，足够大胆，却又分外谨慎，形成了一批具有广州特色的创新制度，如实施社区设计师制度，提出城市更新产业建设量最低比例要求，对城中村改造合作企业进行相关的引入和退出指引等。在面对需要保护的历史地块时，这座城市又足够谦卑。最新的广州国土空间规划，着重笔墨提出了“绣花”式的城市更新和保护举措。例如，通过复兴古代、近代传统中轴线，修复历史水系，营造城郭和历史景观带，活化提升民俗风情区，擦亮文化地标，推进历史城区疏解，打造历史文化长廊，串联传统建筑、街道和街区等多种手段和策略来整体保护与活化历史城区，完善历史名城保护体系。

可以预见，广州在未来一段时间内会加快高质量城市更新的步伐，并以此为抓手，进一步优化城市功能布局，提升城市生活品质，使老城市焕发新活力。

以幸福城市建设引领城市未来

广州在改革开放之后的华丽转身和持续 40 余年的快速发展，充分体现了城市强大的创新力和综合实力，并通过确立出新出彩的新使命、湾区引擎的新定位、创新发展新动能、流光溢彩的新文化，建设成为全国首屈一指的幸福城市。一方面，广州面向世界，在国际化的创新发展中勇立潮头；另一方面，广州继承了千年的商埠和岭南文化传统，创造了独具特色的城市环境和丰富多彩的市民生活。广州未来的发展需要在幸福城市的目标下不断推陈出新，将经济发展的成果转变为民众切切实实的获得感和幸福感，这仍然需要未来不断地努力，尤其需要更多地关注城市文化层面的建设。

党的十九大报告指出：“文化自信是一个国家、一个民族发展中更基本、更深沉、更持久的力量。”2018 年 10 月，习近平总书记在视察广东时提出“老城市新活力”的目标，辅以四个主要方面做到出新出彩，其中城市文化综合实力是最重要的一环。

笔者认为，可以从文化的牵引力、吸引力、感知力与包容力四个方面入手，提升城市幸福感，进而增强广州的文化实力。

牵引力——城市文化空间规划

近些年来，随着人民物质生活水平的提高，城市文化艺术活动增多，公共空间为市民提供了更好的生活品质，增加了市民的公共生活可选择性，潜移默化地影响着市民的活动轨迹、生活习惯和审美情趣等。城市文化传承发展与地域文化公共空间构建的关联性已经越来越强。文化在社会系统中的作用是方向性的，我们应当将发展视野延伸到地域文化空间规划上来，展现空间规划的牵引力，引导作为空间使用者的市民解读历史文化、构建当代城市叙事空间。如广州的“图书馆之城”建设，在丰富市民精神世界方面发挥了重要作用。

吸引力——城市文化软实力

文化软实力是指社会制度、意识形态、生活方式、价值观念及文化等方面的吸引力，近些年来不断地在国家战略层面被提及。城市建设层面也需要考虑软实力的提升。文化在相当程度上也可以转化为城市经济发展的巨大动力，文化造就城市魅力，能吸引更多人来城市工作和生活，进而促进产业的繁荣，也会创造出新的城市文化。城市是否具有吸引力，最直观的标准就是其是否拥有高涨的人气，如商业区和工业区人流密集、建筑灯火通明、菜市场门庭若市、博物馆人声鼎沸、粤剧戏棚座无虚席等。

感知力——城市空间文化的彰显

感知力是十分重要的，而城市空间文化的彰显也潜移默化地影响着居民的感知力。长久以来，城市文化伴随着城市的演进，既是城市居民习性的追寻，因而具有符号意义，更是城市居住记忆的寄托。《广州市推动城市文化综合实力出新出彩行动方案》提出，将四大文化品牌——红色文化、岭南文化、海丝文化、创新文化，作为广州的代名词。广州拥有凝聚岭南文化精华和建成国际文化中心的雄心与气魄，将文化观念厚植于不断革新的城市之中，可以打造出一个融汇中西特色的魅力城市，进一步提升城市幸福感。

包容力——城市社会文化的融合

资源要素的全球流动和消费时代的兴起导致城市文化成为一种竞争资源。为此，需要进行对外和对内两方面的战略调整，以提高城市竞争力。对外应积极提升城市文化形象，增强对高层级产业及高素质人才的吸引力；对内应回应本地居民需求，营造宜居环境。广州城市文化值得被称赞的是其强劲的包容力：多个民族和国家的人们在此地相聚，多元文化包容并置，实属广州的一大特色。多元文化能够培育创新发展的土壤，在多元、包容、创新的文化氛围中，以产业创新吸引人才集聚，可以极大地推动幸福城市的发展。

文 / 韩昊英
浙江大学建筑工程学院教授、浙江大学城乡规划理论与技术研究所所长。

广州：率先引领近代中国城市的整体进步

近代以来，每当中国社会发生变革之际，总能看见广州的身影。

站在时代潮头的广州，不仅充当了一种现实的角色，而且实践了一种命运的承担。

开放带来的兼容务实

广州的城市精神便是创新变革、敢为人先。从公元前 221 年秦统一六国，开始建立大一统的封建帝国开始，直到 1911 年辛亥革命推翻清王朝的专制统治，2000 多年中发生的众多巨大变化，广州都没有机会扮演中流砥柱的角色，直到 19 世纪中后期，这座南方的城市才站在中国历史大舞台的聚光灯下。

谁在冥冥中操纵城市的命运，让曾经的王谢堂前变为寻常人家，让雕栏玉砌幻化为不堪回首的旧梦，也让有的城市完成蜕变逆袭成功？所谓命运弄人，也可以是运势弄城，而这种命运的狂风暴雨在中国历史上很多时候并非来自内部，而是来自外部。

面朝大海，广州自古以来就没有关上开放的大门，西方的冲击在 18 世纪中后期变为侵略，之前的数百年，广州得益于开放带来的兼容务实之风。

1579 年，对天主教传入中国内地作出巨大贡献的著名传教士罗明坚、利玛窦等曾先后在广州居住和传教。自新航路开辟到鸦片战争爆发大约 3 个世纪的时间里，绝大多数西方耶稣会传教士都是先到广州再到国内其他地方。传教士罗明坚送给广东制台陈文峰一台有车轮的大自鸣钟，广州人便首先仿制，当时修钟、造钟都以广州最早，“广钟”在全国的知名度甚高。

1805 年，英国东印度公司的皮尔逊医生把种牛痘的方法传入广州，之后的一年里，广州种痘的小孩有数千人。皮尔逊写有《种痘奇方详悉》一书，还教会了他的广东徒弟海官，30 年间受益人数达到 100 万，种痘之法还由海官传到国内其他省份。

1807 年，第一位来华传教的新教传教士马礼逊进入中国的第一站便是广州，他在中国境内首次把《圣经》译为中文并出版，编纂第一部《华英字典》，创办《察世俗每月统记传》，此为第一份中文月刊。

1827 年，中国内地第一份英文周刊诞生在广州，英国人马地臣在广州创办了《广州纪事报》，撰稿人有英国传教士马礼逊等。

1833 年，中国内地第一所影响较大的西式医院诞生于广州，德国传教士郭雷枢在广州开设了一家眼科诊所，兼治眼病、脚病等。

1846 年，裨治文所著《亚美理驾合众国志略》在广州出版，全书分 27 节，历述美国疆域、早期历史、土著居民、工业商业、政府法律、宗教语言、文学教育等，这是鸦片战争前后最早系统介绍美国历史地理的中文著作。梁廷枏写《合省国说》，魏源作《海国图志》，其美国部分，皆主要参考此书。

1851 年在广州出版的《全体新论》为合信所著，这是近代第一部系统介绍西方人体解剖学的著作，两广总督叶名琛取《全体新论》插图，分列 8 幅，刊于两广督署，并翻刻全书，广为传布。此书对中国医学界的影响长达半个世纪。

广州近代城市文化的先进性，不仅表现在借翻译西方著作传播最新科技思想，更体现为城市的整体性进步。在城市繁荣、市民自由、生活富足等方面，广州推动了城市现代化朝着一个全社会均衡发展的方向前进。

在城市现代化的进程中，广州的领先得益于两个优势：一是选择权；二是可塑性。

回头来看 200 年前，在近代时局转折点，世界城市变化的潮流是什么？所有的城市都有一个共同的渴望：推动城市从贫穷走向富裕，从混乱走向有序，从蒙昧走向科学。

历史提供给广州的机遇便是文化选择权。

作为南大门，广州优先赢得了“一口通商”等与世界对话的机遇。很多时候，机遇是建设性的，但有的时候是破坏性的。对于 19 世纪中到 20 世纪初的广州来说，近代文化的蜕变过程伴随着坚船利炮和屈辱血泪。

远离京城、远离皇帝的个人意志，使得广州获得了城市的可塑性，广州有了城市独立走向成熟的可能性。自公元前 214 年建城，平民性作为城市文化中自发生长的部分，一直占据了广州文化的主导地位。广州自主选择以商业为平台与西方合作，使得城市保持了商业繁荣，确立了千年商都地位，孕育了以市民为文化主体、以商贸为文化动力的发展机制。

梁启超把自己身处的时代命名为“过渡时代”：“人民既愤独夫民贼愚民专制之政，而未能组织新政体以代之，是政治上之过渡时代也；士子既鄙考据词章庸恶陋劣之学，而未能开辟新学界以代之，是学问上之过渡时代也；社会既厌三纲压抑虚文缛节之俗，而未能研究新道德以代之，是理想风俗上之过渡时代也。”

中国城市在近代千年未有之历史大变局中，经历着梁启超所说的“过渡”，要改变落后挨打的局面，必须向西方学习，按照西方已经成功的现代化道路，走过坎坷和曲折。现代化对于旧中国和旧广州而言，是一次痛苦的蜕变，大的方面包括生产方式的工业化、政治决策的民主化、生活方式的西方化等。

“古城”变“新城”

广州在近代史上的领先，是率先将城市由“古城”转变为“新城”，由一个传统城市转变为一个近代城市，广州在这一过程中完美转身。与古代文化不同，近代城市文化之所以标新立异，是因为在文化内容、主体、形式等方面出现了新的转折点。

首先，在基础设施方面，城市与乡村分离。1921 年，广州建立了第一个现代意义的市政府，率先在国内以城市的理念建设和管理城市，广州成为近代中国资金、物流、人才的重要集聚地之一，马路、桥梁、铁道、电信、航运等现代化设施的建设，逐渐拉大了城乡之间的差距，城市则变得更加繁华、更加文明、更加宜居。

其次，城市意识的萌芽。城市中拥有了乡村欠缺的公共文化，如公园剧场等公共空间、报纸刊物等公共舆论、集会运动等公共社交，“城市人”形成了独特的观念形态，包括生活观、价值观、审美观等，以开放、理性、兼容为标榜的“城市人”有别于“乡村人”，这是在封建时代未曾出现的文化差异。

最后，经济运作方式产生变化。与乡村的耕作不同，随着城市的发展，以工厂为代表的大工业、以银行为代表的金融业和以百货公司为代表的商业出现在城市。

考察 19 世纪中后期开始的广州城市转型，无法离开岭南文化的大背景。近代，岭南文化成为中华文化的主流之一，无论在政治思想、工业生产还是在金融商贸、城市建设等领域，代表人物既集中又突出，具有全国范围的辐射力和影响力。

近代中国，社会发展的潮流是国家追求富强、人民追求幸福，此时的广州作为城市的样板出现在人们的视野中。变化来自广州近代文化的开创性、引领性，广州文化的创新品质在近代达至成熟，形成勇于接受新事物、敢于创造新文化的胆略，表现出一种文化的开辟探索风格。近代城市文化的核心是科学、民主、理性。但科学、民主、理性在古代中国文化中并没有系统的理论阐述，必须学习和引进，时势要求广州文化具有全方位的开放性和吸纳性，才能完成民族振兴的重任。

检索特定历史时期的轨迹，通过一些具体的事例，我们可以发现广州在经济、思想、政治等领域承上启下、继往开来，展示了敢为人先的引领态势。

在金融商贸领域，从1757年开始到1842年中英《南京条约》签订，广州的“一口通商”并不是真正意义上的开放。1842年以前广州对外贸易、对外文化碰撞的基调，是封闭中的开放、拒绝中的合作、歧视中的来往。

“一口通商”形成了长达85年的广州对外贸易体制，这一体制被洋商称为“the canton system”。广州的贸易体制是防范型、制约型、管理型，主要内容有四个：一是由粤海关负责征收关税，也由粤海关来管理行商；二是由十三行与外商进行交易，并由行商来直接管理、约束来华交易的商人和船员；三是黄埔港为外国商船指定停泊的码头；四是澳门为广州的外港，来华商人及其家人必须居住在澳门。

外来的冲击也带来了领先的反应。以金融为例，清末广州金融的飞速发展是对外贸易繁荣的结果，由于清政府并没有外汇管理体系，对外贸易使得市场上同时存在中外两大金融体系，自1825年开始，输入中国的洋银就有西班牙、智利、秘鲁、墨西哥、美国等国家的银圆。为了抵制洋钱大量进入流通市场，1887年，两广总督张之洞奏请以英国设备、西洋技术制造银铜钱币，勘地建厂，命名为“广东钱局”。广州是中国最早设厂用专用造币机器生产仿西式钱币的城市，率先打破了传统浇铸造币工艺，创造了以枚（圆）计价的中国银圆。

锐意进取，创新变革

在思想教育领域，近代知识分子率先在广州推广新思想，轰轰烈烈的戊戌变法，在中国近代史上留下了光辉的一页。而在城市管理领域，历史也留下广州锐意进取、创新变革的痕迹。

19 世纪末 20 世纪初，广州的一批主政地方官如两广总督劳崇光、陶模等，善于与西方势力打交道，懂得灵活处理外交事务。而真正把西方城市建设中的优势和长处移植到广州改变城市面貌的管理者，到民国初年才出现，他们是孙科、刘纪文、林云陔等一批早期的广州市市长。

1921 年，广州市政公所改组为广州市政厅，市政厅下设公安、财政、教育、工务、卫生和公用 6 个局，分线管理行政事务，孙科被委任为首任市长。由专业人才执掌市政是近代城市发展提出的需求，在 20 世纪 20 年代，这样的做法在国内具有示范效应。

广州市政厅 6 个局的局长全部是“海归”：公安局局长魏邦平留学日本陆军士官学校；财政局局长蔡增基留学哥伦比亚大学；教育局局长许崇清留学东京帝国大学研究院；工务局局长程天固在加利福尼亚大学获硕士学位；卫生局局长胡宣明在约翰·霍普金斯大学和哈佛大学留学，获医学博士学位；公用局局长黄桓毕业于法国巴黎大学和比利时布鲁塞尔工业大学，获电科硕士学位。

一年后，黄炎培在《一岁之广州市》中归纳了广州 5 个方面的变化：一是尊人道，严禁警察无故鞭打人力车夫；二是言论自由，广州市有日报 33 家之多；三是整风纪，严禁妓女私入旅馆卖淫，厉行禁吸鸦片；四是提倡工会，设立工人补习学校；五是街道干净卫生。城市根本性的蜕变由此而生效。

广州是一个有着革命传统的城市。“护法运动”时期，孙中山先生与北方以段祺瑞为代表的北洋军阀直接对立。在南方城市中，广州是共和最坚强的根据地。因此，护法运动将大本营设在广州，便于运动筹划和军事指挥，而广州市民的思想同时得到了洗礼。

对于广州，孙中山情有独钟，始终认定革命只能依靠南方。在接受记者采访时，孙中山总结道："君主专政之气在北，共和立宪之风在南……今日欲图巩固共和，而为扫污荡垢、拔本塞源之事则不能不倚重南方。"

每一个城市都有机会引领社会的进步，只有那些不断进取、勇于创新的城市，才能总是站在时代的风口浪尖，成为区域中心城市，带动周边其他城市进步，为世界所瞩目，这正是近代以来广州经历的发展过程，也是近代以来广州成长壮大为一座重要的和了不起的城市的光辉历程。

文 / 梁凤莲
广州市社会科学院岭南文化研究中心主任，
广东省文艺评论家协会副主席，博士，研究员，
一级作家，享受国务院特殊津贴专家。

宁波

NINGBO

宁波：双循环枢纽之城

处于百年未有之大变局中，中央提出要构建“以国内大循环为主体、国内国际双循环相互促进的新发展格局”。宁波市委全会把“建设国内国际双循环枢纽城市”立为宁波之志，从世界一流强港建设取得突破、全面融入长三角一体化以及提升消费基础性作用、转变外贸发展方式等多个维度设定路线图，瞄准“枢纽”，精准发力，扛起“重要窗口”的使命担当。

宁波的国际大港辐射全球、贸易网络链接内外、开放平台支撑有力、先进制造基础雄厚，具有建设国内国际双循环枢纽城市得天独厚的区位优势、港口优势和开放优势。

发力双循环，打造枢纽城市，这是时代赋予宁波的责任与使命。

外循环：向海而生，开放而兴

从古代“海上丝绸之路”始发港之一，到中国第一批拥有海关的城市和通商城市，再到举世闻名的宁波帮，带着开放的城市基因，如今的宁波，面朝繁忙的太平洋主航道，背靠中国最具活力的长三角经济圈，已成为服务“一带一路”建设的重要支点。

“洋洋东方大港，改革开放前哨”，40多年的对外开放，铸就了宁波傲人的综合实力，经济总量从20亿元增长到破万亿元。宁波舟山港年集装箱吞吐量居全球前三强，增幅居全球前五大港口之首；货物吞吐量突破11亿吨，连续11年稳居世界第一。

开放是宁波的最大优势和发展底气，也是推进宁波高质量发展的必由之路。

30多年前，宁波被列为首批沿海对外开放城市之一，面积仅3.9平方千米的江畔地带，成为全国首批国家级经济技术开发区之一。

开放，唤醒沉寂多时的四明大地。依托港口资源、商帮底蕴，宁波努力实践开放兴市战略，实现一个商埠小城到现代化国际港口名城的华丽蜕变。

“宁波有个说法，5个宁波人就有1人从事外经贸业务。”在宁波市商务局局长张延看来，宁波与开放相融交织，不仅打开了宁波人的视野，更成为宁波人的品格。

1988年，宁波开始有自营进出口权，外贸总额从1.5亿美元起步，至2002年到100亿美元，2007年超过500亿美元，势如破竹。然而，随着全球金融危机爆发，外需迅速萎缩。立于开放潮头的宁波，率先感受到了阵阵寒意。2009年，宁波出口首次出现负增长。

面对外界种种“外向型经济遭遇瓶颈”的质疑，宁波并未停下开放脚步，更没有迷失方向。

早在2003年，时任浙江省委书记的习近平就提出了“八八战略”，强调要发挥区位优势，不断提高对内对外开放水平，发挥块状特色产业优势，加快先进制造业基地建设，走新型工业化道路。

一张蓝图绘到底，沿着这一主线和总纲，宁波外向型经济迅速走出阴霾，2010年实现外贸总额829亿美元。2013年，首次突破千亿美元大关，成为浙江省首个、全国第 8 个外贸总额超千亿美元的城市。

从沿海开放城市、计划单列市，到副省级城市，从设立沿海经济开发区、保税区、出口加工区，再到保税物流园区、保税港区，一系列“战略战术动作”可以清晰地看出我国渐进式和探索式的开放过程，宁波每次都抓住了机遇，才有了开放经济大发展。

如今，作为浙江参与全球经济合作的最前沿，宁波的对外开放进入了一个拓展开放广度和深度、提升开放能级的新阶段。宁波正从一个大进大出的外贸通道转变为具有国际影响力的资源配置中心。

宁波舟山港，是全球唯一年货物吞吐量超 11 亿吨、连续 11 年位居世界第一的超级大港。如今的宁波舟山港，拥有 1 万吨级以上大型深水泊位近 200 座，5 万吨级以上特大型深水泊位 115 座，包括可挂靠全球最大的集装箱船、矿船、油轮的泊位多座，是中国大型和特大型深水泊位最多的港口，也是中国大型船舶挂靠最多的港口，为船舶大型化趋势提供了深水支撑。

2015 年 9 月 29 日，由原宁波港集团、舟山港集团整合组建的宁波舟山港集团有限公司揭牌。此后几年，宁波舟山港先后开通多条海铁联运线路，增加已有班列开行频率，2018 年，开通国内首条双层集装箱海铁联运班列，箱源腹地不断向内陆地区延伸。

近年来，它更以高效、绿色、安全的高质量发展态势，与 190 多个国家（地区）的 600 多个港口建立了贸易通道，与全球近 30 个港口建立了友好港关系，成为对接“一带一路”的重要枢纽。

宁波舟山港所处的长三角地区是中国最发达的经济区之一，与“一带一路”沿线国家和地区具有很强的经济互补性，这为宁波舟山港拓展新货源、开展新合作提供了新机遇。

“一带”向陆、“一路”向海，港口具备双向强大支撑才可能成为海陆双枢纽最佳叠加点。宁波舟山港加大与全球航运巨头合作，加强对“一带一路”沿线国家和地区航线航班开发力度，已成为名副其实的“21 世纪海上丝绸之路”

国际枢纽大港。

在对接“一带”过程中，宁波舟山港北仑、镇海、穿山 3 个港区直通铁路，作业能力超 80 万标准箱，已成为中国南方海铁联运业务量第一大港、“丝绸之路经济带”的重要枢纽。目前，全港海铁联运班列已延伸至中亚、北亚及东欧国家。

“港口是我们最大的资源，开放是我们最大的优势，做强做优做大国际贸易，是宁波应对严峻复杂的外部环境、掌握国际贸易主动权的必然要求，也是宁波下一个万亿增量的有力支撑。”宁波市商务局负责人表示。

2020 年 3 月，在海外疫情形势依然严峻的情况下，宁波的进出口已呈现回稳向好态势。

作为老牌“外贸大市”，宁波“星罗棋布”着 2.14 万家有进出口实绩的企业。“卖全球、买全球”，它们厚植开放基因、广拓朋友圈，商业触角已延伸到世界各个角落。

2019 年，宁波市经济外向度和出口依存度达到 76.5%、49.8%，分别高于全国 44.7 个百分点、32.4 个百分点。宁波市进出口总额达 9170.3 亿元，同比增长 6.9%，其中出口 5969.6 亿元，同比增长 7.6%；出口规模位列全国省会城市和计划单列市第 8 位，规模超过广州，跻身全国外贸城市出口第 5 位。

宁波外贸企业之所以能逆势而上，与其早已携带宁波制造、宁波智造、宁波资本、宁波服务走出国门，积极参与全球经济合作和开展境外投资密切相关。

近年来，以宁波均胜电子股份有限公司、宁波华翔集团股份有限公司等为代表的宁波企业通过境外并购，实现全球价值链跃升，这已成为宁波外贸企业转型发展的一条新路径。

2019 年以来，宁波出台了一系列支持跨境电商发展的创新举措，助力企业进一步降低经营成本，提升竞争力。

市场需求叠加政策激励，跨境电商等新业态如今已成为宁波外贸增长的新动力。2019 年，宁波全市实现跨境进口单量 10970.8 万单、交易额 206.1 亿元，同比分别增长 29.0%、42.6%，继续保持全国前列。全国累计 1660.6 万人次从宁波购买了跨境进口商品。

走出去、引进来，宁波企业不断辐射和链接全球高端资源。

资本"眼光"敏锐。截至 2019 年底，63 家境外世界 500 强企业投资项目相继落地，全市实际利用外资累计 566.9 亿美元，是全国第 9 个实际利用外资突破 500 亿美元的城市；全市累计备案（核准）境外企业和机构 3075 家，备案（核准）中方投资 232.9 亿美元，是全国第 4 个累计核准境外投资突破 100 亿美元的副省级城市。

当前，宁波还在加快推进高能级开放创新平台建设，不仅成功获批浙江自贸试验区联动创新区，自贸试验区扩区工作也在稳步推进中。目前，全市有国家级经济开发区 4 个、省级开发区（园区）13 个、国家级高新区 1 个、海关特殊监管区 4 个，是全国少数几个拥有全类型海关特殊监管区的城市。2019 年，重点开发区域为宁波贡献了 47.3% 的地区生产总值、58.2% 的外贸出口额、77% 的实际利用外资。

回溯宁波的开放历程，不难发现，开放型经济所倚仗的已渐渐从港口、交通这些看得到的资源，变成平台、要素、机制这些看不到的优势。宁波将在现有开放平台建设和浙江自贸区赋权扩区上互相支持配合，形成全面开放新格局。

2019 年，宁波召开实施"225"外贸双万亿行动大会，发布行动方案，推动外贸高质量发展。

按照目标，到 2025 年，通过存量扩张和增量突破，宁波将实现全市外贸进出口总额翻一番，进口、出口额分别达到 1 万亿元；货物出口额占全国、全省的比重分别提高到 4%、30%。外贸结构进一步优化，机电及高新技术产品出口额、能源及大宗商品进口额分别达到 5000 亿元，跨境电商、数字贸易、服务贸易、优质商品进口、转口贸易额分别达到 2000 亿元。

以打造“一带一路”重要枢纽、建设“17 + 1”经贸合作示范区、深度融入长三角高质量一体化发展等为突破口，加快推进对内对外双向开放，把港口最大资源、开放最大优势的作用发挥到极致，努力打造地方参与“一带一路”国际合作的样板。这是宁波在新时代的“硬核”任务。

2017 年，宁波开始发布“海上丝绸之路”贸易指数，并被列入“一带一路”国际合作高峰论坛成果清单。该指数可为“海上丝绸之路”沿线国家提供信息参考，为各国政府评估“一带一路”倡议实施效果和政策调整提供重要依据。

据宁波海关统计，2019 年，宁波口岸对“一带一路”沿线国家累计进出口额达 6004.8 亿元人民币，比上年同期增长 8.4%。其中，机电产品和传统劳动密集型产品为主要出口商品，原油、初级形状塑料为主要进口商品。2020 年第一季度，宁波与“一带一路”沿线 65 国实现进出口贸易额 561.6 亿元，虽然受疫情影响，同比下降 6.9%，但仍旧跑赢宁波外贸大盘 3.4 个百分点。

内循环：宁波制造，创新发展

从余姚梁弄的灯具到慈溪的小家电，从大榭的保险箱到象山爵溪的针织衫及至全市各地的服装企业，制造业一直是宁波经济的支柱型产业。

2018 年，宁波成为全国第 15 个地区生产总值破万亿元城市，城市创新竞争力指数、中国先进制造业城市发展指数排名均在全国城市中名列前茅。

“制造业基础雄厚，但面对新一轮科技革命和产业变革的新机遇与新挑战，宁波唯有加快推进‘246’万千亿级产业集群建设，促进产业迈向全球价值链中高端，才能助推经济高质量发展，形成新优势，掌握主动权。”宁波市经信局负责人说。

“订单完成率 100%，交付及时率 100%！”宁波旭升汽车技术有限公司董事长徐旭东一脸兴奋，“海外订单虽急，但我们克服疫情带来的困难，再一次圆满交付。”

作为国家级制造业单项冠军企业，从1985年成立至今，旭升公司专注铝加工。2013年，公司拿到特斯拉公司的一个小订单——生产2个电池冷却器的小零件。公司不仅提前交货，还大幅压缩成本。2014年，特斯拉将其动力系统壳体项目交给旭升公司，原本1～2年的开发周期被缩短为3个月。

“涉狂澜若通衢”，正如宁波帮博物馆展板上形容宁波历史的这句话所说，咬定实业不动摇，在细分领域精耕细作，让旭升这样的单项冠军企业面对疫情多了几分从容。

在宁波，有个奇特现象——无论生产什么，企业家都立志成为“行业第一”，要做“百年老店”。

曾经只能做镰刀锄头等农具的海天塑机，经过50年接续奋斗，造出中国最大的精密注塑机、首台全电动注塑机；宁波德鹰生产的缝纫机旋梭半径不到2厘米，却能为全球数十个国家的缝纫整机厂提供配套，占全球市场份额超过1/3；历时数年，经过数百次的反复试验，方太集团破解油烟扩散的行业痛点，这项“厨房技术”写入制造业单项冠军名单……

2008年国际金融危机，下游服装行业出口困难，全球最大的工业缝纫机旋梭生产企业宁波德鹰也曾想过转投酒店业，投资一家四星级酒店的定金都下了。

“当时流行多元化发展，但做酒店服务业不是我们的强项。”宁波德鹰行政副总徐建锋说，“服装业发展经久不衰，只要做专做精做强，缝纫机市场永远都有发展空间，企业也永远有生存空间。”

德鹰最终选择坚持与小小缝纫机旋梭“死磕到底”。如今，德鹰正在建设的智能工厂将成为全球缝纫机旋梭加工技术最先进的工厂。

精耕细作，是品质，更是定力；薪火相传，是坚守，更是传承。

数据显示，宁波市目前纳入单项冠军企业培育库的308家企业，市场占有率排名全球第一的有56家，全球前三的有153家；国内第一的有198家；

其他企业也都位居国内细分行业的前 5 名。其中国家级制造业单项冠军企业（产品）39 家，占全国总数 7.69%，数量居全国城市首位。

宁波市智能制造技术研究院副院长肖勇说，国家发布单项冠军名单，意在引导更多企业走“专特优精”的发展道路；就宁波而言，越来越多的单项冠军，将使这座传统制造大市加速迈向制造强市。“每一个的体量不是很大，但是社会经济生活就是缺不了它。单项冠军，带着一批配套的企业去发展，这是一个有宁波特色的制造业发展方向。”

向海而生，因港而兴，宁波有开放通达的气质，也有胸怀天下的格局。

要切实用好国际国内两个市场、两种资源，厚植开放优势，抓住新一轮高水平对外开放的历史机遇，构建全方位对外开放新格局，让自身在开放中见世面、壮筋骨，在开放中集众长、长本事，在开放中拓市场、增实力。这是宁波制造业企业的共识。

从一家小作坊成长为国家汽车零部件出口基地企业，在宁波四明汽配有限公司的发展历程中，下定决心引进掌握关键技术的海外工程师是关键一步。

十几年前，国内大力推进高速公路发展的同时，汽车轮胎由有内胎发展到无内胎，苦于不掌握核心技术，当时的无内胎气门嘴全部从国外进口。瞅准商机的四明汽配公司，大胆地从欧洲聘请了一位退休专家格哈德作为“海外工程师”。在这位专家的带领下，四明汽配不仅获得了德国大众的气门嘴橡胶配方，而且以很低的成本建立起了整条气门嘴生产线，拥有了自己制造的自动化设备、模具和无内胎气门嘴的整套技术工艺，还由此参与了无内胎气门嘴国家标准的制定，打破了国外的技术和商业垄断。

从一家以贴牌、代加工和配件生产为主要业务的钢琴配件厂，到产品入驻维也纳金色演奏大厅、成为丹麦王室御用钢琴、让“中国制造”的钢琴获得北美最高声乐奖，海伦钢琴在短短 10 年时间内摘取了一个又一个荣誉，实现跨越式发展，依靠的同样是来自美、法、奥等国的高端产品研发专家、生产制造和调音专家、国际知名钢琴销售专家组成的海外工程师团队。

大量技术的引入和突破，让海外工程师在助推宁波市企业更快迈向国际化的同时，也帮助各行业企业在各自领域抢占全球技术制高点。

“可以说，均胜的发展史就是一部并购史。”均胜董事长王剑峰并不讳言。这家成立仅10年的民营企业，通过一连串精准的跨国并购，成功跻身全球工业机器人细分市场第一方阵，成为宝马、保时捷、奔驰、奥迪等高端汽车品牌的核心电子产品供应商。

把握全球经济脉动，以加快产业结构升级、提升核心竞争力为目标，华翔、百隆东方、狮丹奴等一大批企业或跨国并购，或设立境外产能合作园，在更大范围内进行国际资源配置，进一步优化了宁波在全球产业价值链上的分工地位。

与此同时，优质外部资源也纷纷在宁波落地生根。在镇海，世界500强企业法国ENGIE集团宣布收购浙江联盛新能源集团25%的股权，成为宁波史上首个签约的能源类外资项目；在宁海，中瑞生产技术中心与中乌钛合金产业园，引入乌克兰的钛合金热处理中心、轴承与动力系统及瑞典MIM公司的项目，目前部分项目已实现量产；在慈溪，中捷（宁波）产业合作园的高端厨具制造中心、高新密封材料等十余个在谈项目已取得积极成果。此外，中意（宁波）生态园（一期）、中东欧（宁波）贸易物流园，中以、中澳等特色产业园蓄势待发……

走进中银电池的“无人智能化电池生产车间”，两条智能流水线运转不歇。运用全息影像实时在线监测、信息管理系统、AGV物流运输技术、智能机械手等多项国际领先的技术，通过大量传感器，这个智能车间实现了设备与设备互联、设备与物料互联、设备与人互联。因为没有人员操作，车间无须照明，所以又被称为“黑灯车间”。作为全世界第一条真正实现无人化作业的碱性电池生产线，该流水线一天可以生产40万节电池。

雅戈尔建成全球最大西服智能工厂，打造从3D量体到AI陈列的智慧全产业链平台；慈星集团研发出全球首台3D汽车内饰缝纫机，实现传统纺织装备的跨界创新……

“机器换人”是实现新旧动能转换的重要抓手。

2017年，宁波启动规上工业企业智能化诊断和技术改造三年“两个全覆盖”行动，首创的“点线面”结合智能制造模式成为工信部重点推广的八大模式之一，“点”上鼓励企业针对关键生产工序和关键工艺环节开展“机器换人”；“线”上鼓励企业开展智能成套装备首台（套）的研制和系统集成，“面”上引导鼓励企业建设数字化车间/智能工厂。

3年来，累计实施自动化项目8761个，行业成套装备智能化改造试点18条，建设数字化车间/智能工厂示范项目84个，12个项目入选国家智能制造试点示范项目。

通过全方位、多层次实施智能制造推进工程，企业的生产效率显著提升，创新能力明显增强，已竣工的项目生产效率平均提高63.7%，企业运营成本平均降低21.7%。

在2020年的新冠肺炎疫情中，通过自动化、智能化改造的甬企赢得先机。如宁波旭升近几年相继投入了1.5亿元对车间实施数字化改造提升，2020年2月10日后产能迅速恢复，一季度多数车企产值大幅下滑，旭升“不降反升”，产值同比增长34.2%。

2020年3月，宁波启动新一轮技术大改造，《宁波市制造业企业智能化技术大改造行动计划（2020—2022年）》出台。按照总体要求，宁波实施分层推进企业智能化改造提升扩面、分行业实施智能化改造推广应用、体系化培育智能化改造生态三大行动。到2022年，全市将新建数字化车间（智能工厂）100个，新增工业机器人超1万台，培育“5G+工业互联网”试点示范企业逾100家，推进细分领域智能制造应用10个以上。

“跑过三关六码头，吃过奉化芋艿头”，这句老话生动描述了昔日宁波商人见多识广、博采众长的传统。从改革开放之初宁波乡镇企业到上海请“星期日工程师”，到今天延揽世界各地的优秀人才，创新成为“宁波制造”发展的不竭动力。

作为发动机机油泵产量居全球第二位的生产企业，宁波圣龙股份曾经面临发展困境。2012 年前后，由于从业门槛较低，大批同业厂家的兴起导致竞争压力骤增，企业利润出现明显下滑。“传统的汽车零部件加工属于劳动密集型产业，这条路早晚走不通。”圣龙股份副总裁罗立成说。

于是，公司加大科研技改投入、强化技术交流合作、并购行业先进企业，几年下来，终于建立起了牢固的技术优势。罗立成举例，通过设计改造，公司将定排量油泵改造成可变排量油泵，虽然制造工艺更复杂、成本更高，但是优化升级后的产品在降低能耗方面表现抢眼，很受汽车厂商欢迎。

宁波的制造业，当初多是由一些有胆有识的农民“洗脚上田”办起来。办企业，改变了好多人的命运，时势变迁也让许多企业家认识到，坚韧不拔不是不变，制造业的灵魂是创新。在宁波，很多农民出身的企业家，相互之间不爱比规模、产值、产量，而是爱比研发人才多寡，比研发费用占销售收入比重。

中科院宁波材料所高级研究员张文武，正忙碌于携手国内顶尖团队，通过一系列工艺创新和关键元器件攻关，加紧研制拥有完全自主知识产权的表面冲击处理装备。他所负责的“先进表面冲击处理工艺创新研究与智能化装备研制”项目经过评审，成功列入宁波“科技创新 2025”重大专项拟立项项目。而他直接领军的一个激光冲击强化方向子项目已开始步入产业化轨道。

“作为‘中国制造 2025’试点示范城市，宁波已经成功推动一批重点技术创新成果实现产业化。”宁波市副市长陈炳荣说。

当前，一批“大院大所”的科技项目正加快走出实验室，成为宁波制造业迈向高质量发展的通关密码。宁波工业互联网研究院落户仅两个月，便在宁波发布了国内首个自主知识产权的工业操作系统 supOS；宁波和利时信息安全研究院凭借首台拥有可信计算的 PLC（可编程逻辑控制器），加速挺进工控安全新蓝海……

建设产业技术研究院，打造科技创新“栽树工程”，是宁波制造业增强创新实力制胜未来的关键所在。中科院宁波材料所、兵科院宁波分院等国家级科创平台，浙大“五位一体”校区、国科大宁波材料工程学院、北航宁波创新研究院、上海交大人工智能研究院等一批高端科研院所成为宁波提升创新力的一支劲旅。

芯港小镇，5 个集成电路项目建设工地上机器轰鸣，一派热火朝天的景象。自小镇开发启动以来，一批批集成电路产业项目负责人接踵而来，实地考察，洽谈对接，签约落户，让原本静谧的园区热闹非凡。

总投资 43 亿元的中芯宁波 N2 项目已蓄势待发，箭头直指移动通信及手持设备、智能家电、工业控制和机器人、汽车电子及新能源汽车、增强现实（AR）及虚拟现实（VR）系统等领域；南大光电项目将在国内建立 ArF 光刻胶产品大规模生产线，形成年产 25 吨 ArF 光刻胶产品的生产能力，并建立国内首个用于 ArF 光刻胶产品开发的专业检测评估平台；主要生产化学机械抛光液的安集微电子项目将形成年产 3500 吨高端微电子材料的规模，预计投产后年产值 5 亿元……

在加快迈向高质量发展的宁波电子信息制造业版图中，芯港小镇的快速崛起并非绚丽的孤本。数据显示，2019 年，集成电路、光学电子两大细分领域分别实现工业总产值 275.9 亿元、645.2 亿元，同比增幅达 21.1% 和 24.0%，助力全市电子信息制造业完成工业总产值 1985 亿元，同比增长 11.2%。工业总产值及增加值增幅均居“246”万千亿级产业集群首位。

而这，只是宁波布局“新支点”的一隅。

慈溪家电、余姚塑料、宁海模具、象山针织、奉化气动元件、海曙纺织服装……宁波有着良好的产业集群基础：门类齐全、层次多样且高度密集、区域特色鲜明，在模具、轴承、液气密、紧固件等细分领域形成比较优势，有“中国模具之都”“中国紧固件之都”等 9 个全国唯一的产业基地称号。

宁波还拥有汽车制造、电气机械、纺织服装等 8 大优势产业，是全国重要的先进制造业基地、全国最大的石化产业基地和新材料产业基地、全国四大家电生产基地和三大服装产业基地之一……

2019 年 5 月，推进“246”万千亿级产业集群建设动员大会，开启了宁波制造业高质量发展的新征程。

按照计划，到 2025 年，宁波将培育形成绿色石化、汽车 2 个世界级的万亿级产业集群，高端装备、新材料、电子信息、软件与新兴服务业等 4 个具有国际影响力的 5000 亿级产业集群，关键基础件、智能家电、时尚纺织服装、生物医药、文体用品、节能环保等 6 个国内领先的千亿级产业集群。

在“246”万千亿级产业集群建设的号角下，一批新引擎、新动能在四明大地加速崛起。在宁波杭州湾新区，吉利汽车、上海大众的生产车间运转不歇，新区汽车产业年产值已突破 1000 亿元。在甬江南岸，一座软件产业园加速形成，襄助宁波加快打造以工业软件为重点的特色型中国软件名城。在余姚，落户智能机器人小镇的超晶晟锐光电、浙江智川机器人等高科技项目正加紧研发、生产。

2019 年，宁波全市“246”产业集群增加值增长 7.3%，其中电子信息、生物医药、节能环保增速较快，分别增长 16.1%、13.9%、12.0%；汽车零部件、绿色石化产业集群分别以全国第 1 名、第 2 名成功入围国家先进制造业集群初赛。

未来，宁波将努力建成一批布局合理、主导产业明晰、资源要素集聚、产城深度融合、特色错位发展的产业集群平台，形成更加适应产业集群发展的体制机制。

方向决定高度，路径影响速度。在新一轮科技革命与制造业竞争格局加速重塑的当下，以“246”万千亿级产业集群为牵引，宁波正进一步加快制造业转型升级，加快新旧动能转化，通过不断创新锤炼内功，迎接制造强国赋予的新使命。

引才先行：栽树于谷雨

雨润百谷生万物。2019年，宁波定下每年“谷雨”为“人才日”，推出“与宁波·共成长”人才工作总体品牌，通过系列激励与服务举措，为人才成长提供“阳光雨露”，增强他们对宁波的认同感与归属感。当年，浙江省委副书记、宁波市委书记郑栅洁向全球英才发布首个“谷雨之约”，在海内外引发热烈反响。

2020年的人才日以“@未来与宁波·共成长”为主题，在谷雨前后各一周时间，宁波举办了33场活动，全面展现宁波未来发展前景和最优人才生态，“以一座城市的最高礼遇向人才致敬”。

从东方大港龙门吊上的一线操作人员，到向世界科技高峰攀登的研究员；从一砖一瓦架起了杭州湾大桥的建筑工人，到从乡镇企业负责人一步步成长为上市公司掌门人的民营企业家……五湖四海的人才怀揣梦想来到这个开放之城，筑梦、逐梦、圆梦，推动“宁波号”行稳致远，从“小沙船”成长为“巨轮”。

宁波瑞凌节能环保创新与产业研究院的助理所长王明辉，一年前选择从外市来到宁波，在这里找到了梦寐以求的厂房，实现“辐射制冷降温薄膜”的量产。究其原因，是“宁波的膜产业上下游供应链非常齐全”。

十多年前，“雅戈尔”“杉杉”的纺织服装金字招牌能“圈”得服装“技术宅”何先撑慕名而来；如今，尚进自动化、施捷电子、时科新材料等数不胜数的新兴产业团队，之所以能在宁波扎根，无不同样考虑到了这片土地厚植多年的供应链和制造业根基。

可以说，要想在制造业细分领域闯出一片天，全国恐怕鲜有比宁波更好的选择了。

产才融合是产业兴旺的重要法宝，也是吸引人才的重要途径。宁波既有文具、模具、服装纺织、家用电器、石化等传统产业，又有高端装备、新材料、港航物流、新一代信息技术、生命健康等新兴产业。产才融合有基础、有条件，产业链引才有需求、有市场。

《2018 中国制造业高质量发展人才白皮书》指出，2018 年宁波市制造业人才净流入率达到了 7.56%，占据全国城市第一位。

一项针对宁波 1000 多名制造业人才的问卷调研显示，选择在宁波工作的首要原因，是“实体经济基础雄厚，制造业发展充分，机会多”。

2018 年伊始，宁波工程学院杭州湾汽车学院就迎来了首位特设岗位专家——国家“863”计划领域专家程晓民。随着大众、吉利等多家汽车企业的落户发展，宁波杭州湾新区已实现了汽车产业高度集聚，吸引了大批像程晓民这样的高端人才。

启动以引进培养高端人才、激发科技创新能力为主要内容的“栽树工程”；高标准建设甬江科创大走廊、前湾新区、甬江实验室等战略平台；结合“246”万千亿级产业集群规划，引进大批产业技术研究院……一系列举措都指向进一步吸引优势产业链高端人才。

2019 年底，紧邻铁路宁波站的项目工地上，宁波工业互联网研究院产业园项目开工。这个用地面积 3.88 万平方米、预计总投资 11 亿元的产业项目，将成为宁波工业互联网研究院及上海交大宁波人工智能研究院的主阵地。

“作为‘栽树工程’的重要一员，研究院自 2018 年 5 月落户以来，已累计吸引 200 余名高科技人才，并成功孵化 7 家高科技企业。”宁波工业互联网研究院董事长陈克温说。

“这是宁波吸纳高端人才的‘蓄水池’，也是人才施展才华的‘主舞台’。”宁波市委人才办负责人说。近两年，宁波聚焦引进产业创新关键人才，提升产业自主创新能力，先后引进建设 14 家产业技术研究院，目前总数已达 68 家，集聚各类人才 3 万多名，研发人才占比超 70%。

产业技术研究院的人才“强磁场”效应正在持续释放。2019 年 7 月哈尔滨工业大学宁波智能装备研究院正式运营，仅5个月已有2名院士担任科学家顾问，引进科研团队6个，孵化企业4家，申请发明专利50余项，同时，哈工大的53项发明专利已转让到研究院；西北工业大学宁波研究院累计建设创新平台2个，开展合作项目4个，引进科研团队5个、国字号人才11人。

变政府单向引才、企业单个引才为产业集聚引才、产城融合聚才，宁波肥沃丰厚的产业土壤吸引着更多创业创新的种子落地生根。

足迹曾遍布国内外许多城市的宁波大学信息科学与工程学院教授黄季甫，长期专注于无线电领域的研究，2015年，一次偶然的机会，他听说了宁波市的“3315”人才计划，怦然心动。

作为“下一代无线通信系统接入网关键技术及组件研发”项目的重要参与人，黄季甫来到了宁波，开始了“5G+”和6G无线通信技术的研究。

“我负责阳光雨露，你负责茁壮成长。”在黄季甫眼中，这句口号正是宁波人才环境的真实写照。黄季甫说，得益于人才政策，来宁波不久，他就在宁波买房安了家，在宁波大学基础设备专项经费的支持下，实验室也日新月异，配备了许多高端设备，让他得以大胆验证各种想法并获得诸多突破。“我还在镇海注册成立了一家公司，推动我们的研究和本土产业结合。”黄季甫说。

对于地处长三角区域的宁波来说，想在上海、杭州、苏州、南京等诸多核心城市的“夹击”之下凸显人才吸引力，就必须拿出更大的诚意与更实在的举措。

新一轮城市竞争中，宁波持续创优人才政策，在户籍保障、就业创业、安居补贴等多个方面连出重磅新政。

2011年出台的“3315”计划，面向全球招揽高层次人才。2015年，出台市人才发展新政25条，加快推进人才强市战略。2016年，建立人才发展持续扶持机制，“3315计划”人才创办企业可从商业银行获得最高2000万元信用贷款。2018年，出台《关于加快推进开放揽才产业聚智的若干意见》，推出建设最优人才生态30条举措。2019年，出台服务海外高层次人才若干举措，解决海外人才来甬的医疗保健、子女就学等后顾之忧……

户籍方面，宁波继 2018 年降低人才落户门槛后，于 2019 年 7 月再度放松人才落户要求。新政中，将“先落户后就业范畴”扩大为毕业 15 年内的全日制普通高校、中等职业学校（含技校）毕业生，将技能型人才的社保缴纳年限缩短至 6 个月；同时取消了老年父母投靠落户限制，让中青年人才落户宁波后顾无忧。在实施新政后仅两个月的时间，就有 1.2 万人成功落户宁波，同比增长近两成。

在牛津大学材料学博士陈琦眼中，宁波这座城市意味着高效。

因为“谷雨之约”，他选择了宁波作为创业起跑线。公司选址、工商注册、资质审批等各项琐事，竟然“跑一次”就全办完。短短一年，公司高值耗材医疗器械产品临床前研发服务完善成形，领跑宁波乃至全国。

人才项目从引进落地，到生根发芽，再到开花结果，有其“成长周期”。努力缩短这个周期，让人才项目切实走出“达尔文之海”，人才环境生态至关重要。

据第三方权威机构测评，宁波人才生态指数居全国城市第 6 位。

为进一步提升人才服务水平，宁波市出台了人才生态建设系列举措，创新实施人才安居、科研人才经费管理、专技人才职称改革、技能人才自主评价、本土人才成长奖励、紧缺人才特设岗位等 10 多项改革举措，破除各种束缚人才成长发展的体制障碍。

针对高端专业人才，宁波市又在浙江全省率先出台了《宁波市专家服务管理办法》，明确专家可享受联系慰问、休假疗养、医疗保健、健康体检、配偶就业、子女入学、交通出行、休闲旅游、体育健身、医疗补助和特殊困难补助等 20 多项服务保障。

目前，宁波市共有各类专家近 7000 名。从对 655 位专家的抽样调查结果看，专家对出行、旅游、健身、医疗、子女入学等“关键小事”满意度均超过 95%。

宁波大学一位专家曾特意给时任市委书记郑栅洁写信，感谢宁波“把人才还没想到的做到了位，把想到的做到了完美”。

人才服务之外，城市的配套服务也同样吸引着越来越多的新宁波人。在智联招聘此前的一份应届生就业力报告中，有37.02%的应届生在择业时会考虑城市文化、环境等软实力。

良好的人才生态让宁波“圈粉”无数。

近两年，宁波新增17名全职海内外院士，全部紧扣宁波重点发展领域推进人才培养、学科建设、产业创新，并实现甬籍院士全职回归、海外院士自主培养“零”的突破。

2019年，宁波新引进大学毕业生13.7万人，新增高技能人才5.9万人，分别增长65.2%和17.7%，增量与增幅均创历年新高。新引进海外顶尖人才40人，海外工程师总数达2096人，特别开辟“一带一路”引才新通道，与乌克兰国家科学院合作共建的宁波弗兰采维奇材料研究所，短短两年就集聚乌克兰院士11名。

一组数据是“宁波吸引力”的最佳注脚：2019年，全市新增常住人口34万，增量历史性地高居全国第4位；人才净流入率、制造业人才净流入率持续居全国第二位和第一位；地区生产总值跃居全国内地城市第12位。

“产、城、人”融合的生动演绎

城之幸福，民之所望。“城，所以盛民也；民，乃城之本也。”幸福之城，必然以民为本。一座城市的幸福感，源于城市居民的认同感、归属感。安居乐业是最大的民生，也是幸福城市的核心要义。在“2020中国最具幸福感城市”评选中，宁波再次荣登榜单。宁波的“幸福方略”，关键在于抓住了幸福城市的核心要义——“以人为根本、市场为核心、产业为支撑、城市为保障”，生动演绎了产、城、人的三重融合。通过推动产业和城市的经济融合、人才与城市的社会融合、产业与人才的互促共进，宁波逐步形成“寓人聚产于城，以城育人促产”的良性循环，描绘出安居乐业的城市版图与幸福底色。

“调旧育新”、创新驱动，走“专特优精”的高质量发展之路

“产业兴则城市兴。”产业是城市发展的动力源泉，是幸福城市建设的根

本依托，驱动城市功能配套完善。紧扣“以产促城、以城兴产、产城融合”的发展思路，宁波以做实、做强、做优实体经济为着力点，以技术创新为突破口，把握产业转型机遇与政策机遇，蓄势增强产业竞争力、创新力、抗风险能力。宁波的产业转型升级为打造“幸福城市”提供了有力的经济支撑。

宁波推动产业高质量发展的行动路径可概括为：传统产业转型升级与新兴产业发展壮大“两手抓”“两不误”。一方面，改造提振传统产业，推动新旧动能转换。宁波的传统产业以文具、模具、服装纺织、家用电器、石化等行业为主，具有高耗能、高污染、低效益、低创汇的特点。宁波实施产业基础再造和产业链提升工程，系统引入新技术、新管理、新模式，促进传统产业向技术密集、知识密集、高附加值转化，在化解过剩产能的同时，实现了降本增效，巩固并强化了宁波传统产业的优势。另一方面，培植新兴产业，锻造创新发展新引擎。发展战略性新兴产业，是宁波抢占市场竞争制高点、实现高质量发展的关键所在。为抓住产业数字化、数字产业化赋予的机遇，宁波着力建设科技创新研发平台，如上海交通大学宁波人工智能研究院等，打造科技创新公共服务平台，规划建设高端高新产业集聚平台，全面布局“产业创新服务综合体—重点产业基地—特色产业园区—创新社区”链式平台，加速推进新一代信息技术、生命健康、新材料等新兴产业集群化发展。

面对新发展阶段的时代诉求和发展机遇，宁波以“准确识变、科学应变、主动求变”的姿态，“左右开弓”“两手发力”，在推动传统产业改造的同时，着力培育发展新产业、新业态，旨在探索传统产业与新兴产业协同并进、“专特优精”兼具的高质量发展之路，加快推进城市能级提升与产业转型升级。

依港兴市、向海而生，
重塑双向循环的开放型发展格局

“依港而兴，向海而生。”城市是孕育产业的载体，为产业提供持续、健

康的发展空间。宁波作为栖息东海岸的港口城市，其港航物流产业应运而生，并逐步呈现出依托长三角、辐射全球的发展态势。“依港向海”的资源禀赋优势催生出了宁波的开放之基、发展之势，孕育出了其“多元开放、圆融通达”的“幸福城市”基调。细究宁波构筑全方位开放型发展格局的历史源流与发展脉络，要义有三。

秉承历史源流，厚植开放基因

之于宁波，其“港通天下，商行四海”的城市历史形象早已印入人心。经过数百年的积淀孕育，“开放”文化基因逐步成为其“敢走天下路、敢为天下先、敢争天下强”的催化剂和支撑力量，铸就了其强劲的综合经济实力和稳固的门户城市地位。深植开放基因，使宁波自古“因开放而兴，因开放而盛”，实现了从商贸小城到经济大市的历史性跨越。

顺应时代之势，拓展开放空间

在双循环发展格局下，宁波主动适应经济发展新常态，“内外兼修”，找准宁波在新时代坐标系中的行动方位——对内深度融入长三角高质量一体化发展大局，全面承接长三角区域高端要素资源的外溢；对外着重发挥在“一带一路”倡议中的枢纽平台作用，助力构建陆海内联外通、东西双向互济的国家大开放格局。

把握开放新机，提升开放能级

面对全球价值链重构和产业分工格局重塑的历史机遇，宁波加速融入经济全球化，积极参与多双边贸易投资谈判，鼓励并引导企业通过技术并购、品牌并购和资产并购等方式推动宁波制造、宁波智造、宁波资本、宁波服务走出国门，攀升全球产业链、价值链中高端，蓄力打造区域竞争优势，促使开放型经济发展格局更加成熟、稳固。

作为“一带一路”倡议的重要战略支点、长江经济带的龙头龙眼、长三角南翼海洋经济中心城市，宁波传承着“开放”文化基因，充分发挥得天独厚的区位优势，高效利用“东方大港”的资源禀赋，广延商业触角，主动与国内外城市开展全方位、多领域、高层次的联动合作，积极打造多向立体的要素流通渠道，在经济融合、发展联动、成果共享中持续提升城市综合实力和产业竞争力。

以才强产、产才融合，构建协调契合、同频共振的良性互动格局

“功以才成，业由才广”，人才是产业发展的核心竞争力。基于产业结构与人才发展的互动关系，宁波围绕产业链构建人才链，变企业单个引才为产业集聚引才，通过建链、补链、强链，着力打造产业链与人才链“双螺旋”上升的发展格局。产业发展与人才集聚的良性互动碰撞出的“火花”，为宁波的“幸福城市”版图注入了源源不绝的新内涵。

立足于城市产业基础，宁波推进产才融合、协调共进的逻辑思路，可以归纳为三方面。

人才集聚与产业集聚互为牵引

宁波的实体经济实力雄厚，不论是传统产业还是战略性新兴产业的集聚效应皆有显现之势。以“246”万千亿级产业集群为导向，宁波形成了若干个集科创特色产业、公共建设配套、人居空间环境于一体的特色园区，串珠成链、聚点成面，汇集成了多样化、集群式产业发展格局。这为引育创新型、应用型、技能型人才提供了发展沃土，为打造门类齐全、梯次合理、素质优良的人才集聚高地提供了载体支撑，进一步诱发了集聚效应，吸引更多创新要素和高新技术企业入驻宁波，形成了“以产引才，以才兴产”的良性发展循环。

人才集聚与自主创新深度融合

“创新之道，唯在得人。”通过大力培育“人才与项目对接、人才与产业互动”等各类平台载体，宁波加速引聚科创研发人员，在一定程度上有效提升了产业间、产业内的信息流动速度和知识溢出频率，增加了创新灵感的浓度，提升了区域自主研发水平和知识创新能力。与此同时，通过人才交流、项目研发合作、科技资源共享等方式，推动了企业间优势资源互补、互给、互通，有效加速了技术研发和科技成果转化。

人才集聚与产业升级“齐头并进”

在知识经济时代，人才集聚可以有效增加域内人力资本和知识资本的存量，提升域内企业的生产效率和自主创新能力，并产生滚雪球效应，进一步吸纳国内外创新要素集聚。“水积鱼聚，木茂鸟集”，人才与产业的共融互济，在促进产业结构优化与产业链升级的同时，加速了创新型人才队伍的壮大，为宁波的创新驱动发展培植新引擎、壮大新动能。

宁波正处于传统产业转型升级、新兴产业蓬勃发展的重要阶段，离不开高素质人力资源的支撑。在此背景下，宁波着手勾勒高端人才集聚与优势产业发展“同频共振”的“路线图”，加快推进人才链与产业链的动态耦合、有机衔接，着力打造“产业集聚人才，人才引领产业，产才融合发展”的良性循环，有效促进了人才集聚与产业转型融合发展。

以城聚人、筑巢引凤，
打造“近者悦、远者来”的“宁波磁场”

“良禽择木而栖”，城市是人才栖居和产业发展的空间载体，是多重功能相互交织的网络系统，为人才和产业的持续健康发展提供系统性保障和配套服务。培育宜居宜业的人居环境是城市发展之要义。其关键在于正确处理“有为政府”和“有效市场”的关系。为此，宁波发挥政策的牵引力，“汇四海之智，聚八方之才”，旨在加速吸纳人才、项目等优质资源集聚，同时着手打造优质高效的创新创业环境和舒适便捷的人居环境，以期多层次、全方位地服务于人才“安心、安身、安业”的需求。

宁波的“招才引智”策略以制定人才发展新政为引领，以提升各类创业创新平台效能为支撑，以营造开放圆融的发展环境为保障，具有系统性、整体性、协同性的特点。其具体策略，主要可归纳为“两步走”。

第一步：广开进贤纳才之路，辅以各类能者人尽其才、才尽其用

为加速招揽“高精尖缺”人才、补齐人才队伍短板，宁波统筹布局产业链、政策链、人才链、创新链，在尊重市场规律和人才成长规律的基础上，多点发力，着力健全人才引进、培养、使用、激励、竞争等机制，引才、育才、用才并举，为人才的引、育、用培植沃土、提供环境、搭建平台，夯实创新驱动发展的人才根基，有效推动了人才智慧力量与经济社会发展动能的转化。

第二步：聚天下英才而用之，佐以各类人才心有所依、居有所安

为加快推进人才强市战略，宁波建立了人才发展持续扶持机制，重在激发人才的创新活力、点燃人才的创业激情，营造出大众创业、万众创新的社会氛围。与此同时，通过分类施策、多措并举，不断完善与优化人才服务保障体系，满足人才住房安居、家属就业、子女上学、医疗健康等刚性需要，逐步化解人才的后顾之忧，打造“舒心生活、顺心工作、安心发展”的人才发展生态。

城市发展的核心要义在于以人为本，产城协同互促也以人为连接点。之于宁波，其始终以开放的姿态延揽人才，积极打造吸纳人才、涵养人才的“蓄水池”，通过健全体制机制，确保“一池活水”永流动，在蓄势激发创新创业活力、聚智赋能高质量发展的新征程中，逐步摸索出“产、城、人”融合发展的幸福城市版图。

文 / 石敏俊　林思佳
石敏俊，浙江大学文科领军人才、求是特聘教授，浙江大学公共管理学院城市发展与管理系系主任。
林思佳，浙江大学雄安发展中心智库助理研究员。

宁波：商行天下的传奇之都

宁波的中心城区，在姚江、奉化江、甬江三江交汇之处。唐代开元二十六年（738）设明州，所辖鄮、奉化、慈溪、翁山四县。长庆元年（821），刺史韩察迁州治于三江口，建子城。即今奉化江西侧，姚江南边。长庆三年（823），刺史应彪建灵桥（东津浮桥）于奉化江上，连接江东。江北老外滩这一区域，则是近代"五口通商"开埠后，老外相中了三江口尚未开发的江北岸而建。如今的江北老外滩，依然能感受到西面来风，中西合璧的石库门，述说着百味杂陈的近代开埠历史。

一个以贸为名的古县城

虽然分分合合加上治所的迁移，时间和空间的交错，让外地人对宁波无法有一个立体化印象，但我们可以说在宁波的历史上有一个县，名叫"鄮"。光绪《鄞县志》引《十道四蕃志》说："以海人持货贸易于此，故名。"海人指海上的渔民，也指海外的异族。鄮县治所，今在宁波鄞州区东乡五乡镇的同岙，古称同谷，因为两山同一出口而名。明嘉靖《宁波府志》云："同谷山，县东四十里。以东西两岙同一谷口，故名。内有三岭：一石城落，通定海深岙；一鱼山，通定海大碶头；一长山，通小浃江。先时，山麓与海相际，海中百货入此贸易。故谷口旧名后塘街。西去半里许曰下庄，宋有酒坊司，至今土人掘地，常得瓮甓之类。"文中提到"海中百货入此贸易"，可见鄮县是一个外贸市场。

对鄮县记录最详细的应该是西晋文学家陆云的《答车茂安书》。陆云，字士龙，吴郡吴县（今江苏苏州）人，三国东吴丞相陆逊之孙，大司马陆抗第五子，与其兄陆机并称"二陆"。《答车茂安书》的主人公叫石季甫，是车茂安的外甥。石季甫收到一个调往鄮县任职的调令，其母亲与外祖母十分担忧，所以让舅舅车茂安找当时的名士陆云打听鄮县的具体情况。

"县去郡治，不出三日，直东而出，水陆并通。西有大湖，广纵千顷，北有名山，南有林泽，东临巨海，往往无涯，泛船长驱，一举千里。北接青、徐，东洞交、广，海物惟错，不可称名。"这里点明了鄮县的地理特点。陆云又介绍了鄮县的农业情况，"火耕水种，不烦人力"，"官无逋滞之谷，民无饥乏之虑，衣食常充，仓库恒实。荣辱既明，礼节甚备。为君甚简，为民亦易"。物产丰足，治安良好，做一个地方官，容易得很。接着又提及宁波的物产海鲜十几种，各种海鲜的烹制手法，比如一些鱼类，先前是生吃的，现在则喜欢煮熟了吃。文中又说秦始皇曾经到过鄮县，住过 30 余日——既然皇帝去鄮县感觉都很好，你一个年轻的地方官，又有什么可以担心的呢？

大概陆云的书信文采飞扬，是一篇极好的推荐鄮县的文章，只是不知道石季甫到任鄮县后有何感想，历史文献往往只言片语，不得详尽。不过，我想这位年轻的县令到任鄮县一定不会失望。

唐商团与宋海商

既是“海中百货入此贸易”，当然也可以进行海外贸易，或为利益驱使，或为生计所迫，得海港之便，扬帆入海。而海外贸易的利润十分诱人，“每十贯之数可以易番货百贯之物，百贯之数可以易番货千贯之物”。

有史料可查，唐商最早赴日贸易是会昌二年（842）春，商人李邻德自明州港驾商船渡海赴日本。此后，海商贸易的次数不断增加，到唐昭宗天复三年（903），唐商船往返中日贸易达36次。在此之前，唐日贸易主要是通过遣唐使朝贡贸易和新罗使与渤海使的中转贸易进行的。9世纪初，唐与新罗（今朝鲜半岛）的海上贸易发达，作为唐日贸易的中转站，新罗对日交通频繁，初来乍到的唐商一般都选择乘坐新罗商船前往日本。9世纪后，由于航运业的发展，新航路的开拓，加之遣唐使停派，在唐、罗、日三角贸易圈中占主导地位的已不是官方的朝贡贸易，而是由新罗商人和唐商组成的东亚商帮集团。民间的海商取代遣唐使，成为中日贸易与文化交流的主体。海商集团的兴起与日本当时的抑商国策有关，日本国人钟爱唐物，而日本政府极力限制官方贸易，刺激了民间贸易的兴盛。

唐商团的代表人物是张保皋，新罗人，杜牧有《张保皋郑年传》记录了这位传奇人物的精彩人生。张保皋以海上交通要道清海镇为根据地，致力于唐日贸易。据圆仁的《入唐求法巡礼行记》，张保皋在山东半岛的赤山村建有自己在唐的据点。张保皋的商团，人员众多，船舶坚实，交易规模巨大，在相当长的一段时间，几乎垄断了唐日的海外贸易。

明州及舟山是张保皋商团向东南沿海拓展贸易的主要港口。自新罗灵岩附近或清海镇出发，经黑山岛，横渡东海，可到达唐明州望海镇（今宁波镇海）。这条航线的开通，使张保皋的贸易船可直接来到明州，当时留学唐朝的学问僧大多乘坐过张保皋的商船。

张保皋直接从明州带回懂技术的陶工，与新罗人一起，终于烧制成真正的新罗青瓷。

在张保皋后，明州商团应运而生，其中最著名的是李邻德商团、张支信商团和李延孝商团。明州商团以明州为贸易港口，以江浙地区为腹地，积极开展对日贸易。据史料记录，9 世纪中期到 9 世纪末的半个世纪，唐日之间的船舶往来达 30 余次，而与明州有关的商船往来次数占总数的五分之一左右，实际应该多于这个数。每次少则 30 余人，多则六七十人，具有组织较大规模海外经商活动的能力。唐商团以青瓷和丝织品为主。越窑青瓷制作精美，丝织品质地优良，做工讲究，尤受日本人的喜爱。除了青瓷和丝织品，还有佛像、中药材、香料和其他工艺品，从日本带回来的商品则有砂金、铜、硫黄、刀剑等。

唐大中元年（847）六月，明州商人张支信等 37 人，乘船由望海镇起碇放洋前往日本肥前值嘉岛进行贸易，三日后抵达日本，创中日间帆船最高航速纪录。大中三年（849），张支信等 53 人再次赴日。

宋代，明州的海商继续发展，在南宋达到了一个高潮。北宋时期，宋商赴日贸易达 70 次，其中有很多的明州商人。据木宫泰彦先生考证，明州商人孙忠、朱仁聪等 17 人先后多次往返于明州与日本。1021—1192 年，宋海商往高丽贸易共 117 次，其中能确知人数的有 77 次，共计 4548 人次。为了方便贸易，许多宋商长久居留在高丽。宋商向高丽输出的商品，除了传统的绫绢、锦罗、白绢、瓷器、茶、书籍外，还有香料、沉香、犀角、象牙等南亚和西亚的特产。当时宋与这些地区的贸易频繁，大食、三佛齐等国的大批商人经常往来于广州、泉州、明州等地，运来了大量的特色商品，宋商再把它们转运到高丽出售，于中转贸易中获利。

近代宁波商帮

说起中国的商帮，大家立马会想起四大商帮——晋商、徽商、浙商、粤商，但是晋商与徽商的辉煌只在过去，唯有浙商中的宁波商帮推动中国完成了从传统商业到现代商业的转型。

晚明时代，与徐霞客齐名的地理学家王士性在《广志绎》中写道："杭、嘉、湖平原水乡，是为泽国之民；金、衢、严、处丘陵险阻，是为山谷之民；宁、绍、台、温连山大海，是为海滨之民。三民各自为俗：泽国之民，舟楫为居，百货所聚，闾阎易于富贵，俗尚奢侈，缙绅气势大而众庶小；山谷之民……喜习俭素，然豪民颇负气，聚党与而傲缙绅，海滨之民，餐风宿水，百死一生……官民得贵贱之中，俗尚居奢俭之半。"

在地理上，宁绍平原地少人多，耕地少，耕读传家的安稳对宁波人来说是一种奢望，而且宁波与上海路途较近，受上海商业氛围影响深远。

在政治上，明末清初，多数的士绅家族不满清政府统治，舍弃读书从政之路而经商。

在思想观念上，大思想家黄宗羲主张"工商皆本"，王阳明则为商人写过墓志铭，他们以开放的眼光肯定商人对社会的贡献。

从乡风民俗上看，从事一个行业，都有一定的带动作用，比如舅舅做生意，外甥如果读完书，没事情可以做，自然会去跟舅舅学做生意。汪曾祺先生在小说《受戒》中说，"就像有的地方出劁猪的，有的地方出织席子的，有的地方出箍桶的，有的地方出弹棉花的，有的地方出画匠，有的地方出婊子，他的家乡出和尚"。宁波这个地方就出商人，"无绍不成衙，无宁不成市"。

在近代，宁波人在上海、天津、武汉、香港等城市的商业发展中，十分有影响力。至今，在上海人的户口本上，有五分之一的人的祖籍都是宁波，而宁波人多数有上海亲戚。宁波老板用以自称的"阿拉"也成为上海人的自称。1910 年出版的《中国商业地理》记载了上海商人"十三帮"，其中列宁波帮为第一："宁波商人，自其人数之多，历史之远、势力之大观之，实可谓上海各商领袖。宁波人来上海营商业者在开港之初。故上海者，即曰宁波人之上海亦无不可。其富商大贾皆居宁波，而以上海为殖民地。当上海开港之时，宁波商富于进取着着争先，其从事外国贸易者无不获巨利；至宁波通商，衰落失职之贫民，亦皆逐商贾之迹来上海谋利，住于上海之人数达十余万以上。其营业种类初无一定，以贸易商及银行者为多，百手工艺及苦力者，亦宁波人占多数。”

宁波有一句老话——“天下三主，顶大买主”，“天下三主”指债主、业主、买主，买主指顾客。这句老话意为顾客最大，可见宁波人的经商观念与西方传来的“顾客就是上帝”理念有异曲同工之妙。宁波商人低调务实、诚实守信，有独特的经营理念，有回报家乡的义行。关于诚信，则有许许多多的故事。

齐如山先生在《北平怀旧》中记录了这样一个故事：同治末年，“四恒”之一的恒和银号关门歇业了，但许多银票在外边流通着，一时收不回来。彼时没有报纸，无处登广告，只有用梅红纸半张，印明该号“已歇业，所有银票请去兑现”字样，在大道及各城镇中贴出，俾人周知。然仍有许多票子，未能回来，但为信用必须候人来兑。等了一年多，还有许多未回，不得已在东四牌楼西边路北，租了一间门面房，挂上了一个钱幌子，不做生意，专等候人来兑现。如此者等了 20 年，光绪庚子才关门。

宁波商帮与其他商帮不同，至今没有被淘汰。宁波帮有着商人的精明，又不失读书人的操守，让传统商业顺利过渡到现代商业，促进了近代中国民族工业的发展。据统计，目前有 7.3 万余名宁波籍商人分布在全世界 64 个国家和地区，加上他们的后裔，宁波帮总人数超过 30 万。

文 / 周东旭
青年学者，中国民间文艺家协会会员、浙江省戏剧家协会会员、宁波文化研究会理事，著有《苍水诗注》、《鼓楼钟声：宁波老城的生命印记》、《浙东古戏台（宁波卷）》（合著）等作品。

长沙

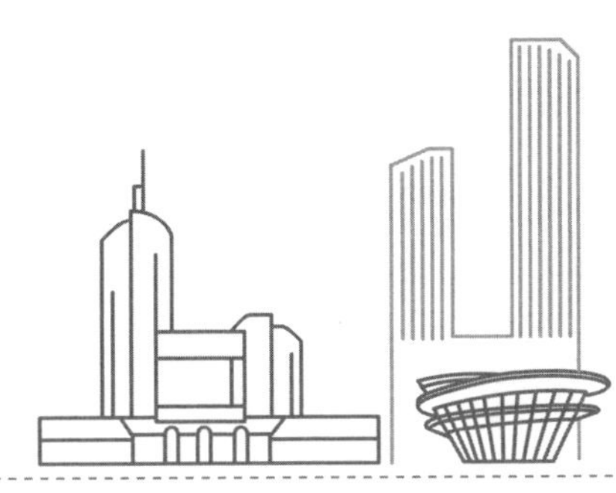

CHANGSHA

长沙：一个“实”字写到底

天上有颗长沙星，地上有座长沙城。

2020 年 9 月，习近平总书记在湖南考察时强调，湖南要着力打造国家重要先进制造业、具有核心竞争力的科技创新、内陆地区改革开放的高地，在推动高质量发展上闯出新路子，在构建新发展格局中展现新作为，在推动中部地区崛起和长江经济带发展中彰显新担当，奋力谱写新时代坚持和发展中国特色社会主义的湖南新篇章。

在“三高四新”引领之下践行“高质量发展”的长沙，正以当好实施“三高四新”战略领头雁、建设现代化新湖南示范区的新角色，胸怀“两个大局”，心系“国之大者”，进一步“抬高发展坐标”，迎向更远的星辰和更高的梦想。

抬高发展坐标

湖南省委书记许达哲在党的十九届五中全会后第一时间赴长沙宣讲全会

精神，要求省会长沙在全省实施“三高四新”战略中争当领头雁，在建设现代化新湖南中争做示范区，在全省经济发展和长株潭一体化建设中发挥好核心引擎和辐射带动作用，要求长沙不但要做“高地”，还要打造几座“高峰”。

湖南省委副书记、省长毛伟明要求长沙做到“四个率先”：要在加快高质量发展上率先，要在实施“三高四新”战略上率先，要在促进长株潭一体化建设上率先，要在推动共同富裕上率先。

2021 年 2 月 20 日，牛年春节后开工第三天，“长沙市奋力实施‘三高四新’战略全面推进高质量发展大会”在长沙市会议中心召开。这是长沙市委、市政府在农历新年之后召开的第一次大会，被长沙本地媒体称为“新春第一会”。湖南省委常委、省政府副省长、长沙市委书记吴桂英在会上要求，以高质量发展为导向，以“三高四新”战略为引领，进一步强化省会担当，进一步抬高发展坐标，进一步压实主体责任，坚决完成全年目标任务，确保“十四五”开好局、起好步。其中，“抬高发展坐标”成为长沙当地媒体报道的热词。有媒体评论说，进一步“抬高发展坐标”，就是要以更开阔的视野，盯着更长远的目标，寻求更高水平、更快速度、更强竞争力的高质量发展。这正是长沙在建党 100 周年和“十四五”规划开局之年，给自己定下的目标。

2020 年 9 月，习近平总书记亲临湖南考察，为湖南指出“三高四新”和高质量发展的方向。2021 年 2 月 17 日，刚刚履新长沙市委书记的吴桂英便前往山河智能装备股份有限公司、马栏山视频文创产业园进行调研。吴桂英在山河智能装备股份有限公司和马栏山视频文创产业园强调，要坚持把习近平总书记系列重要讲话，特别是考察湖南重要讲话精神，作为做好长沙工作的根本遵循和行动指南。

对长沙来说，抬高发展坐标首先意味着面向全国争一流，在全国城市排名中更进一步，迈入第一方阵。作为 GDP“万亿俱乐部”中的一员，长沙 2020 年 GDP 总量达 1.2142 万亿元，位居全国第 15 位。但在“万亿俱乐部”中，长沙可谓“前有劲旅、后有追兵”，“一篙松劲就可能退千寻”。

2021 年 1 月，长沙把跻身“国家中心城市”目标明确写入了“十四五”规划草案。“国家中心城市”是《全国城镇体系规划》中处于城镇体系最高位置的城镇层级。目前，中国有 9 个国家中心城市：北京、上海、广州、天津、重庆、成都、武汉、郑州、西安。进入“十四五”，第 10 个国家中心城市的竞争显得尤为激烈。除长沙之外，南京、杭州、沈阳、济南、福州均已明确提出培育或争创国家中心城市。

如何跻身国家中心城市？吴桂英在“新春第一会”上说：“国家中心城市是干出来的，是奋斗出来的。”

长沙“抬高发展坐标”，还在于强化省会担当，深度推进长株潭一体化，并在国家的发展大局中，为中部地区高质量发展贡献核心力量。长沙、株洲、湘潭三市沿湘江呈品字形分布，市中心两两相距不足 50 千米。2005 年 10 月，湖南省政府正式批准长株潭城市群区域规划。2020 年 11 月，《长株潭区域一体化发展规划纲要》出台，明确到 2035 年，要把长沙、株洲、湘潭建设成为“中部地区高质量发展核心增长极”。

为了加强“省会担当”，长沙还在长株潭一体化的基础上，拓展出了两个新的一体化构想：“3+5”城市群和“一核两副三带四区”。“3+5”城市群是湖南省在 2008 年提出的设想——以长株潭 3 个城市为中心，以 1.5 小时通勤为半径，促进岳阳、常德、益阳、娄底、衡阳 5 个城市的城市群建设，意在促进大湘西开发和湘南开放。“一核两副三带四区”则是在 2020 年 12 月 12 日发布的湖南“十四五”规划中首次提出，湖南省委书记许达哲、省长毛伟明对此作了充分阐释。全省上下欢欣鼓舞，坊间舆论一致好评，当即登上了湖南人的热搜榜。“一核”，指的是长株潭一体化，形成核心引擎，打造中部地区崛起核心增长极。“两副”是岳阳、衡阳两个省域副中心城市在承接长株潭辐射的同时，带动周边地区，推进全省区域经济高质量发展。“三带”指建设沿京广、沪昆、渝长厦通道的三大经济发展带，推动长三角、珠三角和成渝城市群的资金、技术和人才资源进一步汇聚于湖南。“四区”则是推动长株潭、洞庭湖、湘南、湘西四大区域联动发展。

作为“长株潭一体化发展主攻手”的长沙，也将随之迎来下一步的巨大发展格局和空间。

吴桂英指出，要以更高政治站位、更大格局胸怀，主动示范引领、辐射带动，加快推进长株潭一体化发展，当好实施“三高四新”战略的领头雁，建设现代化新湖南的示范区。

抬高发展坐标，很重要一点在于拓宽视野，放眼全球创特色。长沙提出，要打好工程机械、中非经贸合作、文化创意三张牌，并建设好内陆开放高地，特别是建设好中国（湖南）自由贸易试验区长沙片区。

2020 年 9 月 24 日，中国（湖南）自由贸易试验区长沙片区正式挂牌。79.98 平方千米的园区，重点对接“一带一路”建设，突出临空经济，重点发展高端装备制造、新一代信息技术、生物医药、电子商务、农业科技等产业。

中国（湖南）自由贸易试验区长沙片区的战略定位是，打造全球高端装备制造业基地、内陆地区高端现代服务业中心、中非经贸深度合作先行区和中部地区崛起增长极，即“一基地一中心一先行区一增长极”。

正在崛起的长沙高桥大市场，作为中国（湖南）自由贸易试验区长沙片区立式标识牌的所在地，是湖南唯一的“国家市场采购贸易方式试点”单位。国家市场采购贸易方式，使货值在 15 万美元以下的单票商品在市场内就能完成报关，“湘品出湘”更加便捷。

至 2020 年底，长沙片区已引进落地重大项目 33 个，投资总额 798.62 亿元，其中还有 7 个属于“3 类 500 强”，即世界 500 强、中国 500 强、民 500 强项目。

2020 年 12 月审定通过的《中国（湖南）自由贸易试验区长沙片区实施方案》厚达 92 页，明确了长沙片区的指导思想和发展目标，对制度创新、经济总量、贸易投资、市场主体、金融等方面的预期指标按年度进行了规划。该方案对 113 项可承接改革事项进行细化、分解，制定了 320 项落实举措。不少措施是长沙主动提出，部分还是全国自贸区试验中首次提出。

“新春第一会”召开之前，2021年度长沙市重点项目三一中型起重机械智能制造工厂，在长沙宁乡高新区举行开工仪式。三一集团董事长梁稳根说，这个项目从商议到落成不到一年时间，而且在谈好的第二天政府就开始动工、拆迁，“一天都没有耽误”。

营商攻坚，是长沙今年的重要发力点。

2021年2月20日，在长沙的倡议下，湖南省优化经济发展环境办公室与长沙、株洲、湘潭三市优化办共同召开长株潭营商环境一体化攻坚行动座谈会。长沙市发改委副主任易鹰说，长沙“将充分借鉴长三角、珠三角、成渝等重点城市圈一体化建设先进经验，在顶层设计、赋权放权、统筹考核等方面下功夫，瞄准选择三市办事群众和企业‘急难愁盼’的问题进行重点攻坚。……让三市人民像在同一个大都市一样享受便利和幸福”。

环境好不好，企业家最有发言权。长沙市从各行业遴选聘请了100名企业家担任营商环境特约监督员，成立了长沙市优化营商环境协调事务中心。天心区设立了区长企业家接待日、区领导联系服务企业制度，让企业家、投资者能够第一时间与相关部门进行事务对接、反馈相关问题。

“打造一流营商环境，推动城市高质量发展，不断提升群众和市场主体获得感、幸福感”的“长沙经验”，入选国家发展改革委发布的首部官方报告《中国营商环境报告2020》。

吴桂英在牛年新年伊始，提出“三强化、五着力、六保障”，并向长沙全市发出了总动员：强化省会担当，抬高发展坐标，以优异成绩庆祝建党100周年。为此，长沙必须胸怀“两个大局”、心系“国之大者”，上紧发条、开足马力，推动各项工作更上一层楼。

占据高地高峰的长沙，手可摘星；面向无限可能的长沙，未来可期。

智造之都：世界级“硬核”

从长沙市区往东北开出20多千米，就来到了长沙经济技术开发区。沿着次干道凉塘东路看过去，道路崭新，厂房林立，随处可见大型机械设备和运输车辆。

这里是长沙的“硬核”——机械制造业的心脏所在，堪称世界级的智造基地。

2020年，这里的4家巨头——三一集团、中联重科、山河智能、铁建重工再次入围全球工程机械50强。长沙也由此成为全球唯一拥有4家世界工程机械50强企业的城市，堪称世界级“硬核”智造之都。

2020年9月17日下午，正在长沙考察调研的习近平总书记冒雨来到山河智能，考察生产线，了解技术研发、生产制造、销售经营情况。

总书记说：“今天天气虽冷，但我心里是热乎的……你们的创新精神给我留下深刻印象。创新是企业经营最重要的品质，也是今后我们爬坡过坎必须要做到的。……关键核心技术必须牢牢掌握在我们自己手中，制造业也一定要抓在我们自己手里。”

“制造业一定要抓在我们自己手里”，这是总书记的嘱托，也是长沙制造业数十年间从无到有、从有到强、从强到“智”的精神内核。

被员工称为“何老师”的何清华，今年75岁，是山河智能的创始人。之所以叫何老师，是因为创业之前他曾是中南大学机械系教授、博士生导师。

但在成为产学界“大牛”之前，其人生一波三折。

1965年，19岁的何清华从长沙一中毕业，却因种种原因下放湖南永州。在生产队，何清华有机会接触了农场里的农机设备，后来又成为长沙客车厂的车工，渐渐产生了对机械的热爱。

1980年，已过而立之年的何清华跳过大学阶段，通过自学以数学满分的成绩考取中南大学机械学科的研究生——他是该专业的第一个研究生，年纪也比班里同学大了整整一轮。

毕业后，何清华选择留在中南大学。15 年教学生涯中，他承担了 30 余个国家级、省部级项目，获得 16 项国家专利，成绩斐然。但这些研究成果中，被市场使用的仅 3 项，实现批量生产的仅 1 项。

何清华觉得，自己的研究成果不能“躺着睡大觉”。于是，1999 年 8 月，已经 53 岁、在学术界功成名就的何清华，靠着借来的 50 万元，在一个出租房内创办了山河智能。

何清华在公司创立之初便提出“先导式创新”——没有技术，就自己研究；缺乏配套供应，就自己创建；要做就做自主创新，不要跟随式、仿制式的发展。

“先导式创新”是个“笨办法”，需要经历“研究、设计、试制、试验、试销”等反复改善提升的过程，周期长，投入大，发展相对慢，但能牢牢把握核心技术。

2002 年建设青藏铁路时，何清华在新闻中看到，建设中所用的旋挖钻机全部都是国外品牌，于是下决心自己研制。一年之后，拥有自主知识产权的旋挖钻机下线，此后北京奥运会主场馆“鸟巢”、港珠澳大桥等重点工程的建设工地上，开始先后出现山河智能的旋挖钻机产品。

挖掘机被称为工程机械行业的明珠，但多年来一直是外资品牌占据国内市场的绝大多数份额。何清华决意从整体上改变这种状况，并且向技术自主、特色鲜明的方向发展，同时利用后发优势提前布局未来。

如今，挖掘机已经普遍智能化，而山河智能早在 2005 年就定下来要走智能道路，是国内第一家做液压挖掘机机电一体化的企业。随后几年，山河智能就建立起了整套挖掘机的设计体系、工艺体系以及结构件、覆盖件、装配等关键生产线，确保所有环节全覆盖。

2011 年，山河智能的履带挖掘机从芬兰南端开往北端，穿越 1000 千米，创造“个人驾驶履带式挖掘机无故障连续行走路程最长”的吉尼斯世界纪录。

2002年，轻型飞机在中国还非常罕见，山河智能已经预见到其背后通用航空市场的发展潜力，进一步从机械走向天空，成为国内首家通过中国民航轻型飞机适航认证的民营企业，已经制造出国内首款具有自动驾驶功能的轻型运动类飞机“阿若拉”。

长沙的另一家“硬核智造”巨头三一重工，在2020年疫情期间不小心“出圈”了。

武汉抗疫期间，火神山、雷神山两家医院的建设，引发了全国和全世界的关注。数千万网友“云监工”之下，挖掘机、混凝土泵机、起重机等设备被网友编了号，成了“网红”，其中一部分正是长沙三一重工的产品。

2020年1月24日，三一集团接到驰援建设武汉雷神山和火神山医院的任务后，24小时昼夜不停，顺利完成了场地平整、砂石回填、土方浇筑等重要环节的施工，为两座医院的顺利运行提供了先期保障。

这并非三一重工第一次参与应急救援行动。2010年，智利圣何塞铜矿发生矿难，33名矿工在地下624米处被困69天，三一重工的履带起重机成为唯一进入救援现场的大型吊装设备。

2011年日本福岛核泄漏，救援力量需要从核电机组外不停向内注水冷却，承担这一任务的，正是三一重工生产的泵车。时任日本驻华大使丹羽宇一郎事后专程到三一重工表示感谢。

数次紧急救援积累的经验，催生了三一重工的一条新业务线：紧急救援。而能够快速聚集应急救援力量，靠的是公司近年打造的智慧大脑——工业互联网平台“树根互联”。

打开“树根互联”平台，三一重工在全世界各国销售的设备目前已经全部接入。设备是否正常运行、出现哪方面的故障、后期养护和保障等，打开平台即一目了然。

“树根互联”这个由三一重工孵化的工业互联网平台公司，是国家级十大跨行业跨领域工业互联网平台，连续两年入选“全球工业互联网平台（IIoT）魔力象限”。

三一重工的另一个故事，是“18 号厂房”。18 号厂房建成于 2008 年。10 年之后，工程机械和制造业面临关键性的数字化转型，集团董事长梁稳根在当年全国两会“代表通道”上直接表示，数字化转型之仗，集团“要么翻身，要么翻船”。

为表明进行数字化转型的决心，推进“智造”能力，三一重工决定对 18 号厂房进行全面升级，打造成世界级的“灯塔工厂”。一进厂房入口，刷身份证，系统自动捕捉对比照片和人脸，刷脸进入。技术工人只需要操作电脑，就可自动提取物料和零部件，再由无人车配送至工位。加入了视觉识别模块的智能焊接机器人不仅可以自动接收物料进行焊接，还能识别气孔、偏焊等焊接瑕疵。

厂房中央，还有一块超大屏幕，实时显示三一重工在全国和全世界所有设备的运行数据及员工工作状态。周边绿化错落有致，通透明亮，公共空间分布合理，地面一尘不染，看上去更像是自家客厅。

18 号厂房升级为世界级“灯塔工厂”后，大大助推了三一重工的“智造力”。在这里，工程机械领域首次出现了“一张钢板”到“一辆泵车”的全自动化、智能化生产，整体效率比以前翻了一倍。

目前，三一重工已经在北京、上海、重庆等地复制了 18 号厂房，并同步推动 20 多个“灯塔工厂”的建设。

“硬核智造”巨头“扎堆”的背后，是长沙市具有前瞻性的顶层设计和政策支持。2015 年，面对新一轮工业革命的挑战和机遇，长沙在全国范围率先出台了《长沙智能制造三年（2015—2018 年）行动计划》。此后每 3 年，长沙都会更新、发布这一行动计划。

2019 年，长沙出台“制造业高质量发展 20 条”，突出长沙在人才服务、资金扶持、产权保护、营商环境等方面优势，提出率先打造国家智能制造中心，并瞄准智能装备、智能汽车、智能终端和功率芯片（即“三智一芯”）行业重点发展。

除扶持政策，长沙还成立了智能制造的顶层设计机构——长沙智能制造研究总院，通过“一企一策”“一链一策”，给予智力支持和决策支撑。

长沙经济开发区作为湖南首个国家级经济开发区、全国最大的工程机械产业基地，针对入驻企业出台了各种专项产业政策，支持企业加速智能化转型。目前，“智能”成为老园区的新招牌。2020 年 7 月，湖南省工业和信息化厅正式批复，同意依托长沙经济开发区设立湖南首个“5G+ 工业互联网”先导区。

牢记习近平总书记的嘱托，长沙正在着力打造国家重要先进制造业、具有核心竞争力的科技创新、内陆地区改革开放的高地。

中国 V 谷 : 马栏山传奇

被湖南卫视《快乐大本营》主持团队经常调侃的“马栏山”，在长沙是个特别的存在。

这里正处在“浏阳河，九道弯”的第八道弯处，也是长沙市的“东大门”，相传三国时期关羽“战长沙”时曾在此屯兵养马，因而得名“马栏山”。

20 世纪 90 年代末，湖南广电移师于此。经过 20 多年的深耕厚植，练就了一支“广电湘军”。“马栏山”逐渐成为湖南广电的代名词，也成为湖南视频行业的大本营。

但在当时，除了湖南广电大厦之外，马栏山其他区域污水横流，违建林立，是长沙市最大的城中村。2013 年，长沙市委、市政府拨出数十亿元，花了 3 年多时间，拆除了 153 万平方米违章建筑，最终腾出了约 4500 亩土地。当时的湖南省和长沙市主政者经过深思熟虑，提出了一种非常规的思路——不做地产做文产。时任湖南省委书记杜家毫就首次提出，推动文化与互联网、互联网与实体经济深度融合，力争形成“北有中关村、南有马栏山”的网络信息产业发展新格局。

为什么选择做“文产”？全程参与了地块拆迁和园区建设的现任马栏山（长沙）视频文创园党工委书记邹犇淼，至今依然清晰记得杜家毫书记说过的原话：“比创新，我们可能比不过深圳；比总部经济，我们比不过北京；比金融，我们也许比不过上海。但发展文创产业，我们有底气、有优势、有信心、有能力。”

2017 年 12 月，总占地 15.75 平方千米的马栏山视频文创产业园挂牌成立，志在通过文化与科技融合，聚焦数字视频内容生产，用先进科技手段“讲好中国故事”。

此后，字节跳动、爱奇艺、快手、创梦天地等头部企业纷纷入驻。3 年来，以国有龙头文化企业为核心，已聚集新注册企业 1529 家，其中世界 500 强、中国 200 强、国内行业 20 强、上市公司一类知名企业 18 家。

如今，马栏山园区的入口处挂着一块新的牌子——“中国 V 谷”。主管团队告诉记者，V 是“视频”（video）的 V，也是打造“流量大 V”的 V，更是项目招引、落地制胜（victory）的 V。

2020 年 9 月，习近平总书记在考察马栏山园区时指出，要坚持把社会效益放在首位，牢牢把握正确导向，守正创新，大力弘扬和培育社会主义核心价值观，努力实现社会效益和经济效益有机统一，确保文化产业持续健康发展。

园区首家入驻企业银河酷娱在醒目位置挂着“导向金不换”5 个大字。如今，“导向金不换”已成为马栏山园区的座右铭。正是基于这一导向，马栏山园区诞生了一批爆款节目。

比如《守护解放西》。这是一档由马栏山园区入驻企业中广天择传媒与长沙电视台政法频道、视频网站 B 站（哔哩哔哩）联合制作的警务纪实观察类真人秀节目。“解放西”即解放西路，是长沙最繁华的地段，1.21 平方千米片区内，有 7 家大型购物中心，近 2500 家商铺，30 家酒吧俱乐部，人流量大，警情多。主创团队没有采用传统的“高大全”叙事方式，而是在解放西路坡子街派出所一线设立了工作室。全所安装 35 路固定机位，再加上无人机、执法记录仪、手持小型摄像机等多种手段，24 小时随警拍摄，获得了真实性极高的录制效果。

《守护解放西》第 1 季和第 2 季在 B 站播出后，累计播放量已超过 1 亿次，网友评分高达 9.7 分，获评“2019 年优秀网络视听节目”。节目中跟拍的几位警察，因敬业又有人情味、威严又接地气“圈粉无数”，被网友称为“有一种出圈叫传递正能量”。坡子街派出所也成为网红打卡地，经常能收到市民自发“投喂”的奶茶和食品。

以“正能量，天择造”为口号的中广天择传媒，后来又聚焦消防员群体，打造救援纪实真人秀节目《冲呀，蓝朋友》。园区内另一家知名内容公司知了青年则开发制作了《了不起的匠人》和《了不起的村落》等点击量达数亿人次的“了不起”系列纪录片，用年轻化的视听表达，让传统文化“潮”起来。

4K 电影修复，是马栏山园区在传统强项视频制作之外开辟出的“文化 + 科技”新赛道。马栏山园区聘请的首席技术专家周苏岳多年从事数字影视工作，曾为索尼、福克斯和环球影城等好莱坞电影公司修复了《空军一号》《出租车司机》等 30 多部经典影片。

2019 年，周苏岳带领他的“三维六度”修复团队，运用 4K 技术，修复了经典影片《开国大典》。经过修复之后，30 多年前拍摄的泛黄电影胶片上，划痕、抖动都不见了，画面清晰度、音质甚至远胜原版，而且可以永久保存。

令周苏岳深为感动的是，2020 年底，时任湖南省长、现任省委书记许达哲专门请他参加了一个起草“十四五”规划的专家论证会。他在会上放开讲了 4K、5G 产业链问题。现在，他和伙伴们念兹在兹的就是按照习近平总书记在马栏山园区考察时的指示精神，加大红色经典影像的修复力度，传承红色基因，讲好红色故事，把这些故事一代一代传下去。

我国待修复影片存量巨大，随着时间推移，有些胶片受损严重，已经无法二次发行。如何结合 3D 建模、VR（虚拟现实）、人工智能、区块链等新一代数字技术对红色文化加以保护利用，使之永续保存和资产化运营，将是一个重大课题。

目前，马栏山园区已经启动了“红色文化数字呈现工程”，由“红色文化生产线”“红色文化基因库”和“红色文化云上展馆”三部分构成。计划用 5 年时间，打造出中国最大的 4K 红色经典影像修复、存储、传播、改造和传承教育基地。

2020 年 7 月，《中国（长沙）马栏山视频文创产业园产业发展规划》提出，5 年后年产值达千亿元，到 2030 年“成功嵌入全球视频产业价值链和创新链”，产值超 3000 亿元，成为以视频文创为特色的国际性大型文创产业园区。

中欧班列“大爆发”

悠长而深远的汽笛声每天晚间准时在北长沙响起。天上星辰闪耀，地上湘江流过，巨大的机械臂把一个又一个满载货物的铁皮箱装上这列“钢铁骆驼”。

这是从长沙开行至欧洲的中欧班列。

从 2014 年开始，无数的货物通过这一通道，往来东西。不沿海、不沿边的内陆城市长沙，拓展出了新的“陆港”定位——内陆城市可以通过陆上跨国铁路更快捷、更经济地运输货物，成为国际交通和物流枢纽。

2014 年 10 月 30 日，满载着 3000 吨湖南瓷器、茶叶、机械配件等商品的中欧班列从长沙北站开出，驶向德国杜伊斯堡。彼时，“一带一路”倡议提出不满 1 年。

地处内陆，并无出海口的湖南，如何把握这个前所未有的发展机遇？

“火车一响，黄金万两”——湖南可以经由铁路，通过中国东北和西北，与“一带一路”沿线的中亚国家及更远的欧洲大陆相通，开行“中欧班列”。但这个想法要真正实现，挑战很多。“2018 年，我们在跟几位日本专家谈到这件事的时候，他们说我们‘crazy’，是疯子，钱多了花不完。”湖南中南国际陆港有限公司总经理、长沙中欧班列“掌舵人”叶红宾回忆说。

确实，一方面，长沙再往南就是中国开放程度最高的地区之一粤港澳大湾区，既然可以通过广东的港口走海运，为什么还要再费时费力地开设中欧班列呢？另一方面，横跨欧亚大陆的铁路运输工程，且不说运营维护成本巨大，光是一路上要经过的铁轨制式，就有中、俄、欧 3 种，每种轨道宽度、车距等参数都不同，“换轨”本身就是一番折腾。

但长沙市人民政府物流与口岸办公室口岸管理处处长冯卫民认为，中欧班列是“以通道换空间”，可以为内陆城市长沙拓展出对外开放的新空间。

2017 年，长沙市统计局发布报告指出，经济总量在 35 个中部城市之中名列前茅的长沙，对外开放度排名倒数第 8，“必须以国际化为导向，向更高层次、更宽领域突破”。“湖南原来的定位是粤港澳大湾区的‘后花园’，但近 10 年来湖南的高速发展已经使之成为内陆发展的新高地，必须要有自己的国际物流通道来满足湖南产业国际化的发展需求。”叶红宾说。

进入 2020 年，稳步发展了 6 年的中欧班列终于迎来了“引爆点”。

由于疫情扰乱了全球物流秩序，航空运输处于半停滞状态，海运通道瞬间被挤爆，一位难求。与此同时，疫情期间多国推出的行动限制措施又导致生活必需品供应需求激增。空运和海运的运力即使满负荷，也跟不上需求。

这时候，受疫情影响不大、稳定而安全的中欧班列，出现了逆势爆发式增长：疫情期间不仅没有停运，反而保持每天至少一班的“天班”开行，成为疫情期间全国仅有的 4 个“天班”城市之一，有力保障了国际贸易通道和供应链稳定。

2020 年，中欧班列（长沙）共发运 530 列，比 2014—2018 年运营的班列总量还多出 100 多列，运输货物货值 20.6 亿美元，同比增长 98.6%，开行量在中部城市中仅次于郑州。

叶红宾说，经此一“疫”，中欧班列高质量发展时代已经来临——开行频次增加，逐步实现双向常态化运营，运输货物种类增加，从追求开行数量转向高质量发展，政府财政补贴逐渐退出，逐步实现市场化运营。

中欧班列7年后迎来“大爆发”，并非偶然，而是中国和国际产业转移的大趋势使然，更是中国广袤的内陆地区迎来新发展机遇的前奏。

“中国的产业从沿海向内地转移，欧洲的产业也从西欧向中东欧内陆转移，内陆之间物流的最佳桥梁是什么？就是中欧班列。”叶红宾说。

举个例子，中国吉利汽车在白俄罗斯有一家合资工厂，在湖南湘潭有一家汽车零部件工厂。以往，吉利要想把汽车零部件从湖南运往白俄罗斯，需要把货先拉到浙江宁波港，走水路运到俄罗斯东方港，进港之后再通过俄罗斯铁路系统，运达白俄罗斯的明斯克市。整个过程耗时一个半月，多种交通运输方式的更换还会造成货品损耗。而现在通过中欧班列运输就太方便了——吉利湘潭工厂距离中欧班列发车的长沙北站只有40千米，产品生产出来后，装上班列直接运到明斯克，从明斯克到吉利白俄罗斯工厂又有一条专用铁路，下了火车就可以直接进厂组装了。

长沙与明斯克之间的中欧班列，最高峰时一周开行14班，发运量全国第一，被称为“明星线路”。

现在，有越来越多的企业采取这种定制班列、“点对点”连通的模式——从设计源头参与企业方案设计，推进非标产品适箱化，省去中间换装环节，既节省时间、降低成本，货物运输安全也有保障。

这个运输模式也反过来为湖南吸引了来自长三角、珠三角和中国其他地区的货源。2020年，长沙中欧班列的三大货源地为华中、华东和华南地区，货值占比分别为57%、21%和16%。

中欧班列将“中国制造”机械和“湖南制造”电子、陶瓷、烟花、茶叶、工艺品等欧洲市场“抢手货”送出国门的同时，还可以把湖南需求旺盛的木材等物资运回来。现在，长沙已成为中国从俄罗斯进口木材的主要口岸，是实至名归的“陆港”。

除中亚和欧洲以外，中欧班列还将开辟新路线——通过中国西南的广西和云南，延伸向越南、老挝、泰国等东南亚国家。这对于热带水果进入中国市场，是一个巨大利好。

以往，东南亚热带水果大多是通过汽车运输的方式进入中国，当大批运输汽车同时入境时，通关甚至可能达三四天时间。大部分运输汽车又很难为水果提供合适的贮藏设备，等到水果上了餐桌，新鲜度就已经大打折扣。

延伸至东南亚的“水果班列”，使用的则是具有冷藏功能的集装箱，且运输时间更短，能够更好地保存水果的风味。

2021 年底，中老铁路即将开通，万象至长沙的“水果班列”也在计划之中。叶红宾说，通过“水果班列”，很可能再造一个红星大市场。红星大市场是长沙人熟知的水果交易中心，是中国果品市场十大品牌之一。

中欧班列的溢出效应不止于此。

马拉舍维奇是波兰东部的交通枢纽，火车经过时要在这里从俄制轨道换成欧盟标准轨道，因此它也被称为出入欧盟的门户。

长期以来，这里的铁路设施严重老化，线路过于集中，时常出现火车“大塞车”的情况，不能按时卸货，经常要排队等待好几天。

现在，中欧班列带来的巨大商机给波兰人带来了改造、更新铁路设施的新动力。2017 年，欧盟批准并拨款建造波兰华沙—波兹南段铁路现代化改造工程，项目现已完工，波兰铁路货运集团也同时申请了相关项目的融资，旨在更新车辆设备、扩建集装箱场地。

“中欧班列盘活了沿线国家的铁路资产，实现了多边共赢。”长沙市副市长朱东铁说。

“陆港”长沙的眼光，也不仅仅停留在陆路运输上，而是要将多种运输形式协调整合，成为更多层级的物流枢纽。

2019 年，长沙作为陆港型国家物流枢纽，入选国家发改委、交通运输部国家物流枢纽建设名单。2020 年，长沙空港引进顺丰、中外运、菜鸟等多家国内外知名货运企业设立区域枢纽。长沙还在积极申报空港型国家物流枢纽，推进长沙黄花机场与黄花综合保税区“区港一体化”建设，打造长沙“4 小时航空经济圈”。

长沙市委副书记、市长郑建新表示：“中欧班列（长沙）2020 年开了 500 多列，2021 年的目标是开行到 1000 列，我们将积极创建中欧班列集结中心。”

智慧管理，人文关怀

2019 年，华为于 7 月 23 日在北京发布了“鲲鹏生态计划”，打造自主品牌、完全国产的“鲲鹏”芯片，在未来 5 年内投资 30 亿元发展鲲鹏产业生态，并引入新的合作伙伴。

受邀出席发布会的华为长期合作伙伴、长沙互联网上市企业拓维信息创始人兼董事长李新宇认定，这是一个长沙可以抓住的重大机遇。李新宇直言，当时长沙并未在华为“鲲鹏”生态战略布局的第一梯队城市之中，但长沙的诚意和前瞻性考虑打动了华为。

2019 年 9 月 10 日，长沙市政府、湖南湘江新区管理委员会便与华为签署了《鲲鹏计算产业合作框架协议》。

2019 年 12 月 3 日，拓维信息与其他 3 家公司一起投资组建了芯片的硬件生产企业——湖南湘江鲲鹏信息科技有限公司，“湘江鲲鹏”就此诞生。

几个月后，在湖南湘江新区岳麓高新区学士路，一座以“鲲鹏”命名的产业园区拔地而起。2020 年 4 月 28 日，首台“湖南造”湘江鲲鹏服务器下线。下线首月，湘江鲲鹏服务器便达成意向订单金额 1.6 亿元，实现销售额近 2200 万元。如今，在湘江鲲鹏产业园的生产车间，覆盖服务器与 PC 机的 2 条生产线已经运行。按照计划，湘江鲲鹏产业园到 2022 年可实现年产设备 50 万台、产值100亿元。

“湘江鲲鹏”从曲折诞生到带动长沙整个芯片产业生态的跃升，是长沙力争崛起为中部乃至全国移动互联网产业高地的缩影。

长沙，同时正在加速打造中国“智能驾驶第一城”。

2021年初，英国知名杂志《经济学人》以一篇题为《智慧之城》的文章报道了长沙的智慧产业，特别是智能驾驶产业。文中写道：“智能网联汽车是长沙众多创新引领的布局之一。长沙很早就对这一领域的商业应用饶有兴趣。智能驾驶技术不仅限于重卡运输，而且可以节省时间、运营成本和燃油消耗。长沙市政府是中国第一批发放智能驾驶汽车道路测试牌照的地方政府之一，也是全国首批建立智能驾驶测试区的城市之一。”

智能驾驶核心技术是否能够通过商业化落地，是智能驾驶城市实力的重要标志之一。

2019年，首届百度阿波罗生态大会在长沙举行。长沙市领导明确表示，长沙拥有历史名城、山水洲城、枢纽之城、科教之城、宜居之城5张城市名片，未来希望拥有“智能驾驶第一城”的第6张名片。

相较于国内智能驾驶相对起步较早、优势明显的一线城市或沿海城市，长沙起步不算太早，但目标明确，特点鲜明，政策力度大。如今，智能驾驶“起步看北上，落地看长沙”已经成为业内共识。

长沙市委副书记、市长郑建新表示，建设智慧城市方面，长沙可能是全国执行力度最大的城市之一，数年前长沙就已布局了“三智一芯”产业，如今，智能车联网已经成为长沙的优势产业。“今后，我们要运用大数据和智慧手段，让城市交通管理更加科学，比如每个红绿灯的时间要精准到秒，这样就能有效缓解堵车问题。还有，交通管理要进一步精确，做到点对点。比如，早上8:00—9:00，从市区到某园区车流量特别大，那么这个时候就可以考虑，是不是可以在这两地之间开通点对点班车？用精准的公共交通方式减少私家车流量，有效缓解拥堵。”

郑建新说，建设智慧城市，也是为了精致管理。精致管理，首先是要智慧管理，然后要有人文关怀，城市才能变得更温馨。

如何精致打造宜居宜业的长沙？郑建新认为，建立好的营商环境，首先是要“事业留人”。“我们要吸引世界 500 强、中国 500 强、民营 500 强，还有‘独角兽’和头部企业，特别是高科技、先进制造业和科技创新企业，来长沙落户，大力发展实体经济。”然后是“待遇留人”。什么是“待遇”？收入不低，同时房价便宜。“长沙现在是全国所有大城市中房价和收入比最低的城市，一个普通家庭工作 6.4 年就可以买 100 平方米的房子，年轻人不靠父母，和伴侣一起就可以轻松交首付供房。”郑建新表示，“房价我们会继续管控好，让老百姓能买得起房子。然后我们还要建一批青年公寓，居住费用不高，小区内还有小桥流水、鸟语花香，环境优美，让刚毕业的大学生不仅负担得起，而且住得舒适。”

郑建新指出，长沙除了把城市建好、管好，还把民生保障好，“只要把这些做好，长沙一定有吸引力”。

生活更雅，精神更富

托尔斯泰《安娜·卡列尼娜》一书的开篇语非常震撼：“幸福的家庭都是相似的，不幸的家庭各有各的不幸。”虽然我们很难去定义和测量幸福这样的主观感受，但幸福城市就像一个家庭，这样的家庭有着普遍性、相似性，例如母慈子孝，例如耕读传家，例如知书达礼，从长沙入选幸福城市的案例来看，我们可以观察到幸福城市的一些特征，而总结这样的特征将为幸福城市的建设和治理提供基本的逻辑。

城市的生活气息与以人为本

城市让生活更美好。亚里士多德说：“人们来到城市，是为了生活；人们居住于城市，是为了更好的生活。”可以说，生活是人们向往某个城市、居住某个城市的最重要理由，能过上好生活的城市必定获得更多人青睐。而生活本身就是价值理性。与工具理性不同，价值理性是以人为中心而不是以客体为中心的理性。价值理性的旨趣在于它超越了物化的工具理性，为主体而忧虑、呐喊、运思、谋划、服务，它关注世界对于人的意义、客体对于主体的意义，执着于人的幸福。

20 世纪初最早掀起城市发展反思的查尔斯·鲁滨孙曾说："城市造出来不是供观赏的，城市造出来是为了生活。"城市的建设并非一直都强调对生活的重视。我们可以看到，现代城市高楼林立、车水马龙，城市也提供了更好的生活手段，但往往忽略了生活本身。房子越建越高，但房价越来越贵；交通越来越发达，但通勤的时间越来越长；信息越来越便捷，但人与人之间越来越淡漠。特别是在城市规划上，受苏联功能性分区规划的影响，我国的城市规划往往按功能分区，把居住区和工业区、商业区分开，甚至在更小单元的企业、大学、社区的规划设计中，也按照不同功能模块设置片区，这被业界戏谑为"上帝视角""鸟人的规划"，大大降低了城市的宜居性。

长沙这次入选幸福城市，从某种意义上是对其城市生活气息的肯定。长沙有着属于自己的独特浓郁的市井气息，臭豆腐、小龙虾，夜市大排档，鱼网状街道里的叫卖声、背街小巷的麻将声，这大概就是幸福城市的模样。而从生活本身、从生活的多样性出发去规划、建设和管理一座城市应该成为幸福城市的重要条件。著名城市学者、社会活动家简·雅各布斯对街区多样性和城市特质的追求，也大大推动了城市规划和建设回归到对人的关心和城市生活的关注。

近年来，长沙提出以"15 分钟生活圈"作为打造城市社区生活的基本单元，以提升社区空间品质为切入点打造"15 分钟生活圈"，基于居民日常户外活动的多样性、丰富性和细微性，构建"居住、就业、出行、生活、游憩"的规划思路，在更小的尺度探索以幸福生活为中心的空间规划与治理模式。2018 年 4 月，长沙市人民政府办公厅《关于印发〈长沙市"一圈两场三道"建设两年行动计划（2018—2019 年）〉的通知》发布，提出以人民对美好生活的向往为中心，切实解决民生问题，以 400 个步行生活圈为重点，打造城市规划治理的“长沙样本”。长沙对生活城市的规划和建设，回归了满足人的生活需要这一城市发展的本质，既是在遵循城市发展的客观规律，也是在引领幸福城市建设的未来方向。

城市的经济繁荣与市场活力

一个幸福的城市应该具有蓬勃的经济活力，这也是城市兴起的源头。亚当·斯密在《国富论》一书中论述了市场规模的重要性。因为分工受制于市场的规模，规模大的市场（比如城市）分工的数量和种类比规模小的市场（比如农村）就会大得多。例如在城市中，就会出现专门的屠夫、面包师和酿酒师，而在乡村里每个农夫势必也是自家的屠夫、面包师和酿酒师。城市市场规模带来的分工细化会提高生产效率，促进专业技能的发展和社会财富的积累，这是城市经济繁荣、市民幸福的物质基础。更重要的是，工商业发展带来了契约精神和社会的平等交往，构筑起了城市发展的精神命脉。

从中观的层次看，城市的经济发展其实是差异化的，也是动态化的。以美国的锈带（Rust Belt）为例，在19世纪后期到20世纪初期，美国东北部五大湖附近因为水运便利、矿产丰富，成为重工业中心，钢铁、玻璃、化工、伐木、采矿、铁路等行业纷纷兴起，匹兹堡、芝加哥、克利夫兰等工业城市也一度相当发达。而自从20世纪50年代美国步入第三产业为主导的经济体系之后，这些地区的重工业纷纷衰败，直到今天，这些锈带地区仍然饱受经济衰落、居民失业和犯罪率高企等一系列社会问题的困扰。

因此，经济发展是幸福城市建设的重要内容。在此方面，近年来长沙在“三高四新”战略的引领下，进一步强化省会担当，进一步抬高发展坐标，寻求更高水平、更快速度、更强竞争力的高质量发展。作为GDP“万亿俱乐部”中的一员，长沙2020年GDP总量达1.2142万亿元，位居全国第15位，并形成了高端装备制造、高端现代服务业协同发展的产业格局。2020年，这里的

4家巨头企业——三一集团、中联重科、山河智能、铁建重工再次入围全球工程机械制造商50强，长沙也由此成为全球唯一拥有4家全球工程机械制造商50强企业的城市，堪称世界级“硬核”智造之都。马栏山曾经是长沙市最大的“城中村”，20世纪90年代末，湖南广电移师于此；2017年12月，“马栏山视频文创产业园”挂牌成立，仅用了3年时间，这个当年的“城中村”就聚集起了数千家视频文创类企业，被称为“中国V谷”。2020年9月17日，习近平总书记亲临园区考察并作重要讲话，称赞“湖南文创很有特色”并肯定了马栏山“文化和科技融合”的发展模式。经济腾飞、产业发展的背后，是政府向市场的赋权放权和制度创新，长沙市从各行业遴选聘请了100名企业家担任营商环境特约监督员，成立了长沙市优化营商环境协调事务中心，“打造一流营商环境，推动城市高质量发展，不断提升群众和市场主体获得感、幸福感”的“长沙经验”入选国家发展改革委发布的首部官方报告《中国营商环境报告2020》。

城市的凝聚力与社会建设

正如马克思指出的，一旦城乡关系发生改变，整个社会也会跟着改变。城市化的快速发展和人口在城市的大量集聚，社会结构、社会组织形式以及社会利益格局都发生了深刻的变化。城市社会学的创始人路易斯·沃思把城市化理解为社会生活方式的变革过程，认为城市的本质是异质性。异质性意味着以同质性个体组成群体为基础的社会凝聚力下降，且导致人际关系疏远、社会控制力量减弱。城市化引起的生活方式变革会动摇甚至摧毁社会共同体存在基础。在公共安全方面，一些研究表明，快速的城市化发展、半城市化现象会导致犯罪率上升；据国家统计局数据，随着城市化进程的加速，1999—2018年我国妨害社会管理秩序案件数呈不断上升的趋势，20年间这一数字上升了4.3倍。

在此背景下，如何加强和创新市域社会治理，在社会分化中实现新的社会整合，提高城市凝聚力、安全感，无疑是幸福城市建设的重要课题。社会凝聚力的建设既包括社会文明、社会安全和社会公平的建设，同时也包括社区、社会组织等社会活力载体的建设。在市域社会治理方面，长沙做了大量基础性的工作，也取得了良好的成效。

城市文明是百姓宜居幸福的重要前提。2020 年长沙市蝉联中央文明办“全国文明城市”称号，16 个村镇获“湖南省文明村镇”称号。特别是在 2020 年坚持常态化疫情防控的同时，长沙深入开展“文明城市提质年”行动，坚持创建为民、创建惠民、共创共建的理念，以城市文明程度、市民文明素养“双提升”为目标，不断提高城市环境质量、人民生活质量、城市竞争力，推动建设更高水准全国文明城市迈上新台阶。长沙市文明办、市住建局在全市开展“文明在楼道”创建评选活动，结合爱国卫生运动、“文明城市提质年”等工作，通过“清洁在楼道”“美丽在楼道”“和谐在楼道”等活动，评选一批治理机制完善、环境整洁美观、文明和谐、创建氛围浓厚的“文明楼道”，引导市民养成文明健康的生活习惯，营造文明和谐的生活环境，不断增强群众的获得感、幸福感、安全感。

城市公共安全也是宜居幸福城市的重要前提条件。2017 年，长沙市再次获评 2013—2016 年全国社会治安综合治理优秀市。此前，长沙连续 3 届（2000—2012，4 年 1 届）获评全国社会治安综合治理优秀市，2013 年首度荣获全国社会治安综合治理工作最高荣誉——“长安杯”。近年来，在治安防控中，长沙不断推进的“天网”和“地网”工程，同时根据“专群结合、警民联合”的指导思想，各级综治部门和公安机关组建了一支由专职巡防队员组成的专职巡防“红袖章”队伍。2017 年，全市共建“红袖章”队伍 2967 支，总人数达 12 万余人，在全市编织了一张“红色安全网”，建立起了集“指挥同台”“通信同频”“视频同网”“信息同享”“看图作战”于一体的治安防控体系。

城市快速发展过程中，要更加注重社会公平正义和管理创新，更加注重起点公平、机会公平、过程公平，促进收入分配等结果的相对公平，更加注重百姓内心的幸福感受。在法治社会建设方面，长沙市多年来持续开展“司法公正长沙行”活动，取得了良好的成效，在全省乃至全国产生了广泛影响。多年的实践证明，“司法公正长沙行”活动的持续开展，为人民群众相信司法、参与司法、监督司法提供了平台支撑，有力地推动了法治长沙建设。在经济社会发展方面，长沙始终准确把握当前形势，主动融入新发展格局，高质量打赢脱贫攻坚战，使发展成果惠及百姓。在扶持弱势群体方面，发布《长沙市特困人员救助供养办法》，根据政策，财政每年将安排 2.5 亿元基本生活费、7000 万元医疗救助金、8700 万元照料护理补贴、1300 万元丧葬费，全面保障 3.1 万特困人员的衣食住医葬等基本生活权益以及照料护理需求。

读城识幸福。长沙，是首批国家历史文化名城，有着“屈贾之乡”“楚汉名城”“潇湘洙泗”之称，有马王堆汉墓、四羊方尊、三国吴简、岳麓书院、铜官窑等历史遗迹，凝练出“经世致用、兼收并蓄”的湖湘文化。在改革开放的大潮中，长沙成为“东亚文化之都”、世界“媒体艺术之都”，打造了“广电湘军”“出版湘军”“动漫湘军”等文化品牌，并培育出杂交水稻育种、“天河”超级计算机等世界级的科研成果。如今，这座伟大的城市正在深入贯彻落实“人民城市人民建，人民城市为人民”的重要理念，将城市的规划建设、经济发展和社会繁荣的实践作为满足人民美好生活向往的实际行动，谱写着新时代幸福城市建设的新篇章。

文 / 吴结兵
浙江大学公共管理学院教授，浙江大学城市治理研究所所长。

长沙：空间与时间造就“混搭”气质

一条湘江将长沙分隔东西。“西文东市”是人们对长沙城市的惯常定义，河东被看作烟火的闹市区，河西是安静的文教区，但实际情况并非如此简单。河西的山间，同样烟火气弥漫；河东的闹市中，也不乏文化气息。行走在城市中，烟火与文化的场景经常在瞬间切换，看似冲突却又融合，“混搭”才是长沙真正的气质所在。长沙人文化基因里对生活与文化的双重热爱，让一江两岸成为烟火与文化并存的多元城市空间。

大河之东，文化在烟火弥漫处隐现

长沙的烟火气，弥漫于河东。最浓烈处，莫过于以五一广场为中心的老城区。这里是长沙城市的地理原点，也是老长沙人的聚居地。河东的烟火气，已积淀了数千年。历史上的长沙主城区一直在河东，且城址两千多年未变。河东的中轴线很长一段时间都是五一大道。如今最热闹的五一广场到太平街一线，是历史上千年繁华的延续。

长沙最重要的商业街区五一广场和太平街、黄兴路步行街汇聚于此。

繁华的中心商业街区并不能完全代表河东的烟火气。那些曲折蜿蜒的街巷里，有着更为浓厚的生活气息。许多知名的小店，其实就在街巷那些不起眼的门面里。

与现代化的高楼大厦不同，长沙的老街巷是一种充满了日常生活气息的场景。这里是商业与生活的混杂区。也正是这种混杂，形成了长沙浓烈的生活气息。长沙的老城区，人口与建筑密度极高，商业在居民区中生长。五一广场商圈之外，长沙还形成了数个街巷商业区，如文庙坪的美食街区、定王台书市文化街区、都正街历史文化街区。这些街区都是密集的人居所在，也是长沙烟火气升腾的地方。

河东是长沙一直以来的政治经济文化中心，烟火弥漫中的文化街区。历史上许多著名的文化遗迹就隐藏在繁华深处。

自宋代以来，游历长沙的名士，几乎必去三个地方：定王台、贾谊故居与岳麓书院。它们是长沙的历史文化地标。三大地标，河东占了两个。

传说定王台是西汉长沙定王刘发为思念母亲所建。在定王台的感叹更多是寄托了对西汉长沙国的追思，感慨历史的兴亡，其中以朱熹的“千年余故国，万事只空台”最为动人。定王台后来成为长沙书市的所在地，在纸质书籍兴盛的年代，这里的交易量名列全国前茅，是这座城市显赫的文化中心。

贾谊故居是长沙两千年位置未变的城市地理标识。一代名臣贾谊贬谪于长沙，引发后人无尽感叹。以至于路经长沙的名士，几乎都要留一首诗词来纪念这位先贤。而贾谊故居，几经兴废，无数次的重修显现了它作为城市地理和文化坐标的重要性。贾谊故居所在，正是长沙商业最为繁荣的太平街。千年繁华与千年遗迹，见证了城市生生不息的生命活力。

文庙坪则是河东文化与烟火气息共存最为融洽的地方。这里曾是长沙府学宫与文庙的所在，是长沙历史上的官方文教中心。文庙和学宫在文夕大火后已无存，如今仅存一座“道冠古今”牌坊。长郡中学和老居民区成为这里的建筑主体。这里同时也是长沙最有名气的美食街巷，糖油粑粑、猪油拌粉、甜酒冲蛋、紫苏桃子姜等带着本地特色的美食是文庙坪的招牌。

长沙河东多古井。市井文化，必然有井水为依托。长沙人的一大爱好便是打井水。喷涌了几百年的白沙井依然长流不息，排队打水的人络绎不绝。井水所寄，是人们对于自然的崇拜。除了作为一种文化寄托物，井中也藏着历史的文化秘密。1996 年，长沙最热闹的五一商圈走马楼建筑工地发现大量古代仓井，井中有简牍十余万片，超过全国历年出土简牍总和。

长沙的城市扩张，让曾经作为城楼的天心阁，成为市中心的显赫古迹。然而古迹也沾染了烟火气，天心阁下，便是城区老居民饮茶聊天的场所。“古今多少事，都付笑谈中”，刀光剑影远去，唯有烟火气息长存。

大河以西，烟火在文化名山下升腾

湘江以西的长沙河西，最初只是一个单纯的精神文化空间和农耕区域。河西在历史上是长沙城西部的郊野，因为一江之隔，舟楫不便，让它远离了城市生活。但它又非普通意义上的郊野，它是城市的精神空间。

西汉时，它是长沙王的王陵区所在。汉王陵沿着岳麓山前的丘陵一直延伸到谷山，在湘江西岸绵延。

佛教在汉魏之后的晋代进入湖南，第一座寺院麓山寺始建，选址就在河西的岳麓山间。岳麓山，乃至河西，因此具有了信仰祭祀的意义。这种意义的形成，是传统文化重心灵感受的体现。在古代，一座城市目力所及最有气势的山，往往成为崇拜中心，岳麓山即是如此。麓山寺、云麓宫、道林寺、景德寺，诸多名寺和道观分布于山中。岳麓山因此成为长沙城郊遥远的精神信仰空间。20 世纪 80 年代初期，长沙还没有太多高层楼宇时，站在长沙火车站，便可见一座连绵的大山笼罩着城市上空，成为一座城市宏大而深邃的背景。由此可以想见古人对于这座山的崇拜之情。

东市的格局自古便有，西文的格局则形成于宋代。儒学的兴盛，书院的兴起，让岳麓山成为新的文化信仰中心。“朱张会讲”让这种文化崇拜在长沙历史上达到一个高光时刻：1167 年，南宋著名理学家朱熹与张栻在岳麓书院讲学论道，留下了“朱张会讲”的千古佳话，开创了古代书院会讲之先河。岳麓山自此由一个单纯的信仰祭祀之地转化为精神文化中心。山的定位影响了整个河西，河西也因此逐步被定义为长沙的文化空间。

文化的繁荣与经济的落后在河西历史上长期存在，作为知识分子心灵圣地的河西，一直以来被大多数市民视作穷乡僻壤之地。这固然与大多数人有限的见识相关，却也说明河西除了学府之外，几乎全是山间的农田菜地。河西历史上的冷清从清末的照片上可见一斑。1910 年，日本摄影师山根倬三拍摄的岳麓山，从湘江边一眼便可看清岳麓书院全貌。那时河西的岳麓山前，没有太多屋舍，几乎全是农田，书院是唯一的大型建筑群。

真正让河西繁荣起来的是大学。自湖南大学继承了岳麓书院的文化衣钵，率先在岳麓山下安家之后，岳麓山便逐步形成了中南大学、湖南大学、湖南师范大学自南向北排列的大学集群。大学城让河西变得更有文化气息，也带来了真正的烟火气。

河西的烟火气，隐藏在山岭间。

曾经最为著名的是留在太多人青春记忆里的“堕落街”，它是位于湖南大学与湖南师范大学之间的一条自发形成的商业街区，背靠凤凰山，面朝桃子湖。街区商铺多由民房改建而成，为了适应大学生不同的地域口味，街上的美食流派也来自天南地北。饭店、小旅馆、网吧、KTV、音像店、精品屋、发型屋是街上的主要店铺类型，几乎囊括了生活的方方面面。

这条以物美价廉著称的商业街最终因为城市规划被改建成桃子湖文化创意产业园。自此，湖水变清，风景甚美，但再也没有了当年浓烈的烟火气。

河西的烟火气并未因此消散。距离“堕落街”不远的“油烟街”以及天马公寓周边，成为新的具有浓郁生活气息的商业街区。而整个麓山南路在经过改造后，也成为风景与商业并存的河西主路。

长沙气质的地缘解读

无论是河东的烟火气息还是河西的文化气质，都是地缘与人力共同作用的结果，它们都经历了漫长时间的沉淀。

山、水、洲、城是长沙城市地理的基本架构。水与洲，为中轴；山与城，为两翼。长沙的地理风貌因此清晰可见。中轴两侧，河西的山地与河东的城区形成反差强烈的地理感。这种反差，也成就了两种不同的城市气质。

长沙繁华看河东，河东为何历史上一直繁华?

河东的繁华，有着明显的地缘因素。湘江以东的河东，有浏阳河和捞刀河两条大型支流汇入，并在此形成广阔的冲积平原。良好的水利条件、肥沃的土壤，造就农业的发达；而广阔的地理空间，则是古代城市形成的必要条件。长沙城因此诞生于河东。

历史上的长沙城，城区很小，仅限于河东范围。河西因为多山，缺乏建设城市的条件。长沙城最大的时期扩展到了北至开福寺，南到现今城南路的区域；向东，止步于芙蓉路；向西，止步于湘江。河流，成为城市的西部边界线。长沙在古代，无论是城垣大小、建成区、城市人口，都以北宋为最，是当时 6 个人口超 20 万的城市之一。漫长的时间线与有限且相对固定的空间重叠在一起，积淀出河东物阜民丰的千年繁华。这种繁华在某些历史时期尤为显著，南宋时期，文学家张祁写诗盛赞“长沙十万户，游女似京都”，把长沙的盛景与当时京都的繁华相提并论。

交通决定着城市的发展方向。历史上的重要交通线都在湘江以东，近代对湖南经济影响最大的粤汉铁路、京广线，以及现代的京广高铁、京港澳高速都位于河东。河东在干线交通上有着绝对的优势，繁华因此得以延续。近年来，随着城市的扩张，长沙的烟火气开始向更广阔的区域蒸腾，但要说最为纯粹的生活气息，仍然固守在老城区，不曾偏离。

相比于广阔的河东平原与丘陵，河西则是连绵起伏的山岭，仅有的几条河流如靳江河、龙王港，流量远不如河东的两条大河。河西没有发展大规模农业的空间，因此也就不会有集中的人口形成城市，但它可以成为一个极佳的文化空间。

长沙文化氛围的形成，既源于自身历史的积淀，又来自对外来文化的吸纳包容。沉淀与吸纳，都有着文化地理上的客观因素。

作为中原文化的南极地带，湖南远离文化中心，但作为文化中心的中原地区，在历史上历经战乱，每一次战乱，都会导致大批民众及文化士族南迁。永嘉之乱，安史之乱，北宋灭亡，都是如此。历史地理学家谭其骧说湖南人来自天下。历朝历代对文化名人的贬谪，也让不同的文化在此散播、交融。从早期的屈原、贾谊，到唐宋时期的杜甫、刘禹锡、柳宗元、王昌龄……数代文人的流寓，让湖南的文化日渐丰厚起来。长沙作为一直以来的区域中心，自然也成为文化的中心地带。

交融与沉淀，催生出一个文化上全新的湖南。长沙文化景观发生巨大转变的时期是南宋。岳麓书院的创立是这一转变的标志性事件。

公元 976 年，潭州太守朱洞在僧人办学的遗址上创办岳麓书院，书院自此开始萌发，并于宋代形成气候，至南宋时期，长沙已成为当时的文化中心之一。书院对湖湘文化的影响一直绵延至今，长沙以此为荣。因此也就很容易理解为什么人们把河西作为长沙的文化中心了。

湖南地形封闭、多山，且气候变化剧烈，追求生活快乐可以对抗地理上的闭塞与气候的侵蚀。长沙人对于生活的热爱，是一种深入基因的情感。秉持乐观主义精神的长沙人，把娱乐当做一种生活态度，但绝不因此轻视文化的力量。烟火是世俗生活，文化是精神空间，二者并不矛盾。对生活与文化的同步重视，体现于长沙的城市规划之中。从背街小巷改造到“精美长沙”建设，再到“大美长沙”建设，长沙的城市文化生态逐步走向多元化。

文 / 常立军
供职于《潇湘晨报》，寄情潇湘山河，专事地理写作，有多篇作品发表。

读城识幸福

随着经济与社会的发展，人类的生活轨迹发生了明显的变化，越来越多的劳动力由于不同的原因从农村涌入城市。至 2020 年，全世界有超过一半的人口生活在城市。研究估计，到 2050 年，全世界 70% 的人都会生活在城市。由于西方的城市化进程更早，现在亚洲已成为大城市增长的主力军。就中国而言，截至 2020 年，上海市在全世界城市人口数量排名中居第 3 位。人口数量排名前 100 位的城市中，有 29 个来自中国。其中，广州排第 21 位，成都排第 36 位，杭州排第 46 位，宁波排第 100 位。中国社会科学院农村发展研究所、中国社会科学出版社联合发布的《中国农村发展报告 2020》预测，到 2025 年，中国城镇化率将达到 65.5%。

越来越多的年轻人来到城市，为城市带来新的想法与生机，而城市是否也为这些外来人口和当地居民的生活带来了相应的快乐与幸福呢？城市之所以吸引越来越多的年轻人定居，是源于其带来的更高的收入、更多样化的选择、更多的创新想法、更自由的生活空间，以及更现代的生活方式等。然而，快速城市化的危害也刺痛着当地居民以及盼望着在城市扎根的新“移民”。比如，城市房价难以负担，很多人不得不生活在城市周边的区域，这使得他们经常暴露在一些潜在的危险中。再如，城市交通拥堵，居住条件恶劣，温室气体或有害气体排放，绿地被侵占或污染，这些危害都削弱了城市的魅力。因此，学界开始有越来越多的反思，讨论经济的发展是否一定能给人民带来幸福。快乐与幸福的话题，被经济学家、哲学家、心理学家等不断论及，亦被政府不断强调。

城市居民的幸福感，越来越成为生活在城市中的居民、媒体、社区、政府部门、学术界等多方共同的重大关切对象。什么是居民的幸福感？影响居民幸福感的因素都有哪些？如何度量幸福感的强弱？国际多边组织、主权国家（地区）、不同的机构都开始基于自身对幸福城市的理解展开调查。

“幸福城市”的提出及相关榜单

“幸福城市”这一表述，国内最早的官方记录是江苏省江阴市于 2005 年提出建设“幸福江阴”的宏伟目标。最初的“幸福江阴”是与经济期望挂钩的，即江阴市政府希望其 2010 年的人均 GDP 能在 2005 年的基础上翻一番。综观国外，未见明确的“幸福城市”概念，但不乏相关主题的研究，一般分两类：一是研究城市中居民对自己生活水平总体的评价（life evaluation）；二是研究城市中居民的生活质量（quality of life）。前者研究的是生活在这个城市里的居民的幸福感水平，而并不讨论这个城市带给居民的幸福感；后者是测量生活质量的方法，其并不测量城市中居民主观的幸福感，而是通过客观的指标，由专家来评定不同城市的生活水准，最终判定其城市适宜人类生活的程度。使用第一类方法的排名中，最著名的是联合国评选的“全球最幸福的国家”（《全球幸福指数报告》，*World Happiness Report*）；使用第二类方法的排名中，经常被国内引用的是英国经济学人智库评选的“全球宜居城市”（《全球宜居指数报告》，*Global Liveability Index*）。海外相对主流的城市宜居性排名还有美国美世的生活质量排名、英国《单片镜》杂志的生活质量调查、德国德意志银行的宜居性调查。下文以《全球幸福指数报告》《全球宜居指数报告》为例，详细介绍其评价方法以及 2020 年世界其他城市和中国城市在其中的排名。

在国内，最受关注的幸福城市排名，是由新华社《瞭望东方周刊》与瞭望智库共同主办的“中国最具幸福感城市”调查推选活动（《中国城市幸福感（调查）报告》）。这一排行榜关注国内城市，分为 4 个不同的城市层级进行排名（省会级及计划单列市、地级市、县级市、城区）。它与前文提到的两类排名的不同之处在于，将城市居民的主观幸福感受与客观的评价指标相结合进行评定。具体来说，区别于《全球幸福指数报告》直接测量居民的幸福程度，也区别于《全球宜居指数报告》由专家来确定不同指标的分数，“中国最具幸福感城市”调查是参考居民的主观回答，结合专家意见，再通过大数据结果进行调整，最终得到分数排名。

“全球最幸福的国家”排名与《全球幸福指数报告》

联合国从 2012 年开始发布的《全球幸福指数报告》（2014 年中断一次），是一份被外界一致认可的具有影响力的城市幸福感报告。2011 年 6 月，联合国大会通过了由不丹提出的非约束性决议，该决议倡导“各国政府在决定如何实现和衡量社会经济发展时，应该更加重视人民的快乐和幸福”。之后，历年的幸福感报告顺势推出。在理解这份报告时，我们必须了解，其主要数据来源于 2014—2018 年的盖洛普世界民意调查中 15 岁及以上的常住人口。《全球幸福指数报告》中，最受瞩目的年度幸福排名就是以盖洛普世界民意调查的生活满意度指标为依据的。2020 年《全球幸福指数报告》的第三部分讨论了不同城市的幸福感。这份报告的城市部分，以特定的人口规模、市域面积、职能单位、生活与工作的便利度以及社会互动程度为评判标准，选取了世界上 186 个城市进行排名；主要包含三个榜单：一是对当前生活的满意度的评估；二是对未来生活的预期满意度的评估；三是对每天的情感体验的排名。第一个排行榜通常也被视为全球城市幸福感排行，所以我们着重对它进行介绍。

该排名采用自评的方法来测量生活满意度。具体而言：被调查者想象自己面对一列阶梯，阶梯底部赋值为 0，顶部赋值为 10；0 代表最坏的生活，10 代表可能的最好生活。被调查者据此回答“你觉得自己现在的生活是在阶梯的哪个位置”这一问题。这份幸福感报告的一个非常突出的特点是，问卷选项并不是研究人员（或决策者）通常认为重要的那些因素，也不是按照有限数量的客观的生活质量指标来设计，而是完全以城市居民自己的主观幸福感为依据。这份报告称，“我们的排名是自下而上的，‘解放’了城市居民自己认为重要的那些因素”。可以说，这也使得它是衡量人民生活质量的一种更民主的方式。

从 2020 年的《全球幸福指数报告》可以看出，在全球列入评估的 168 个城市中，生活满意度最高的 10 个城市基本分布在斯堪的纳维亚半岛、澳大利亚和新西兰；而排倒数 10 位的城市也有一些共同特点，比如，经济不太发达，近期有战争冲突，发生过恐怖主义事件或自然灾害。在这份报告中，中国有 5 个城市入选，分别是上海、广州、北京、香港、台湾。其中，上海以 5.936 分排第 84 位，广州以 5.761 分排第 95 位，北京以 5.228 分排第 134 位。值得注意的是，对比 2005—2013 年收集的数据，广州市民的主观幸福感上升了 0.590 分，在上升幅度中排第 19 位；上海市民的主观幸福感上升了 0.345 分，排第 32 位；而北京市民的主观幸福感下降了 0.366 分，排第 137 位。

“全球宜居城市”排名与《全球宜居指数报告》

如前所述，《全球幸福指数报告》并不探讨什么是幸福，而是直接询问被调查者感受到自己有多幸福。所以，所有的选项都是基于被调查者个人对幸福的理解来完成的。《全球宜居指数报告》与此不同，它是根据不同的组织机构对宜居性的不同理解，设计不同的指标和标准，进行调研并得出结果。

具体而言，《全球宜居指数报告》通过定性指标和定量指标来综合评价一个城市的生活质量。定性指标是由内部分析师来确定评级，定量指标则通过外部的数据来计算评级。该排名之所以受到广泛关注，是由于它统一量化了所有可能对人类生活构成挑战的项目，并使得生成于不同区域、不同文化背景的指标可以直接进行比较。《全球宜居指数报告》不仅包含针对 140 个城市的宜居性调研，还包含全面的政治环境分析、关键经济指标的分析与预测，而这主要是为了帮助企业管理者和政府更好地作出决策。另外，《全球宜居指数报告》的一个很现实的意义在于：帮助企业管理者决定，当一个雇员要被派遣到一个不易生存（例如空气污染严重、生活水平低下）的环境工作时，企业应当给予多少额度的津贴。

作为一个商业性排行榜，用户必须付费才能获得完整的报告内容。如果不付费，是很难了解到其他 120 个（共 140 个）城市的详细排名及分析内容的。不过，经济学人智库每年都会发布一份可免费获取的报告《全球宜居性概述》，其中包含该年评选出的排在前 10 名与后 10 名的城市相关介绍。基于《全球宜居性概述》，我们可以对指标情况进行简单讨论。

2019 年《全球宜居性概述》根据稳定性、医疗保健、文化和环境、教育和基础设施等 5 类共 30 个因子对入选城市进行评估。每一类指标的具体内容和权重如下：

第一类：稳定性指标，权重为 25%。包含轻微犯罪流行率、暴力犯罪流行率、恐怖威胁、军事冲突威胁、内乱 / 冲突威胁等 5 个因子。

第二类：医疗保健，权重为 20%。包含私人医疗保健可用率、私人医疗保健质量、公共医疗保健可用率、公共医疗保健质量、非处方药的可用性和一般医疗保健等 6 个因子。

第三类：文化与环境，权重为 25%。包含湿度 / 温度等级、对旅行者的不适度、腐败程度、社会或宗教限制、审查制度级别、运动可用性、文化可用性、食品和饮料、消费品与服务等 9 个因子。

第四类：教育，权重为 10%。包含私立教育的可用率、私立教育质量、公共教育质量等 3 个因子。

第五类：基础设施，权重为20%。包含道路网络质量、公共交通质量、国际连接质量、优质房屋供给的可用率、能源供应质量、供水质量以及电信质量等7个因子。

每个因子都设有若干选项，包括“可接受的”“可容忍的”“不舒服的”“不是期望的”“不可忍受的”等。调查人员根据选项赋值，对因子分数进行编译和加权，最终得到总的分值（其中，1分被视为糟糕的生活，100分被视为理想的生活）。

根据2019年《全球宜居性概述》，宜居性排前10名的城市中，欧洲有2个（维也纳，第1名；哥本哈根，第9名），澳大利亚有3个（墨尔本，第2名；悉尼，第3名；阿德莱德，第10名），其他排名靠前的城市分别在日本（大阪，第4名；东京，第7名）和加拿大（卡尔加里，第5名；温哥华，第6名；多伦多，第7名）。

《全球幸福指数报告》与《全球宜居指数报告》之比较

将《全球宜居指数报告》与《全球幸福指数报告》进行比较，可以发现两者在确定入选城市的标准时，有着较大的不同。即便同时在两个排名中都上榜的城市，其排名也存在先后。《全球幸福指数报告》中，基于主观幸福量表得出的排在前10名的城市基本分布在斯堪的纳维亚半岛、澳大利亚和新西兰；而《全球宜居指数报告》中，出现了加拿大以及亚洲的城市。

以下是两个排名同时选入的城市的宜居性排名与主观幸福感排名的对比。

东京：宜居性，第7名；主观幸福感，第79名。

哥本哈根：宜居性，第9名；主观幸福感，第5名。

维也纳：宜居性，第1名；主观幸福感，第29名。

墨尔本：宜居性，第2名；主观幸福感，第14名。

悉尼：宜居性，第3名；主观幸福感，第20名。

多伦多：宜居性，第7名；主观幸福感，第13名。

可见，同一个城市在偏主观或偏客观的两套排名体系中的位次存在着或大或小的差异。其中，东京是主客观评价差距最大的城市，而哥本哈根、维也纳、墨尔本、悉尼、多伦多这5个城市，主客观评价之间的离散度整体看起来较小，尤其是哥本哈根和多伦多，两套排名体系中的位次差异都在个位数（有趣的是，这6个城市中，有5个属于欧洲文明的影响区域，只有东京属于亚洲文明区域。尚不能断言主客观评价的差异大小可以归因于文明类型，但这是一个可以深入考察的问题）。

对于这两套排名体系的结果存在差异的事实，我们尝试从以下几个方面作出解释。

第一个也是最重要的原因，是两套排名体系的基本指导思想和功能不同。《全球幸福指数报告》旨在反映不同城市中居民在相关项目上的主观感受，而不是他们实际拥有或者享用到的客观条件的水平。我们知道，一个人的幸福感，是客观因素和主观因素共同作用的结果。城市居民的幸福感，当然受到他们生活于其中的城市的方方面面因素（物质的和非物质）的制约，但一定也与他们自己个人生活中的其他因素存在密切的关联。即便在同一个城市，面对同样的物质条件和外部环境，居民的主观感受也多多少少存在差异。《全球幸福指数报告》排名侧重于从居民的主观感受去间接评价一个国家、一个地区、一座城市的状况，有其哲学和心理学上的学理考量。对于城市生活，它采用的是更具有人文主义色彩的评价视角。

比较而言，《全球宜居指数报告》是基于城市的安全稳定性、医疗保健、文化环境、教育和基础设施等5个客观因素来进行评判的，它们应该是现代城市居民生活与发展的5类最基本也最重要的条件。虽然是由专家对5类指标进行更细致的项目设计和主观赋权，但这套指标体系突出反映城市生活的客观条件而非居民主观感受的倾向是十分明显的。这样的评估策略应该有其自身的学理基础，即人的主观性不仅存在着十分显著的个体差异，而且容易受到文化类型、群体非理性和偶然因素的干扰，会影响对城市真实状态的准确、合理和稳定的评估。引入社会科学的视角，对城市生活的共同需求、基本需求、核心需求的客观评估，就有可能控制个体评价的随意性、偶然性和非理性因素的干扰。这个排行看起来更倾向于对城市状态采取科学主义的评价视角。

总之，《全球幸福指数报告》旨在呈现城市居民的主观感受，而《全球宜居指数报告》倾向于呈现人生活于其中的城市的状况。当然，这样的划分也不是绝对的，两套排名系统都是主观与客观之间的不同程度的综合，所不同的只是侧重于谁的主观、谁眼里的客观。对这两套体系进行综合运用，有助于我们作出更加全面准确的评估。

第二个可能的原因，可以从指标体系制定者的文化属性方面去寻找。我们猜测，或许由于《全球宜居指数报告》的客观因素指标是基于现代欧洲文明对美好生活的理解和偏好，这样，欧美国家的宜居性排名便与这些国家城市居民的主观幸福感有较高的契合度，评价结果的拟合度也就高一些。至于在较大程度上受其他文明类型影响的城市，两套评价体系之间的内在一致性部分是全然多样化和不可控制的。即便所谓科学主义视角的城市评估，也无法摆脱托马斯·库恩所指出的文化历史的“范型”的局限性。即便我们赞同《全球宜居指数报告》中的5类客观指标是一个幸福城市的重要部分，但也无法确认，它是全部的重要内容，比如，对居民在城市的生活与发展而言，就业与收入机会就没有被考虑进去。即便按照精英主义的理解，这5类客观因素是第一层次的最重要因素，那么各自在城市评价中应该如何赋权，也不是一项简单的科学作业。毫无疑问，在不同的文化体系下的“专家”，会有不同的赋权倾向。《全球宜居指数报告》的研究者所研发制定并用以实施的各级指标及其赋权策略，是基于西方发达国家视角对城市宜居性的理解，无法确定是否完全适合其他国家或文化下的定义。举个例子，在《全球宜居指数报告》中，安全稳定性和文化环境的权重均为25%，但也许在一个战乱的国家，其人民对安全稳定性的权重要求远高于对文化环境的权重要求。

第三，这两个结果的不同，还可以从接受调查者的文化心理方面寻找原因。比如，不同受访者对主观量表的认知以及选择偏好存在差异。一个已经被观察到的现象是，亚洲人在填写主观量表时，不愿意表达自己过于极端和清晰的态度，比如很少选择“非常满意”或“完全赞同”这类选项。这个中庸的倾向性，在西方的跨文化研究中也早有讨论。另有研究指出，较之个人主义文化影响下的国家的人民，中国人和日本人更不愿意承认积极情绪。因此，我们可以推测亚洲人在填写这类问卷时更倾向于保守地表达自己的幸福感。这也可能是东京拥有很高的宜居性但偏低的幸福感的原因。

观察两份报告中排在最后10位的城市，我们发现，这些城市的稳定性都非常低，比如，政府无法为自己的公民提供基本服务，或者城市的犯罪率居高不下。值得一提的是，2019年《全球宜居性概述》关注到气候变暖对一些城市造成威胁：很多新兴城市虽然在基础设施、教育和医疗保健方面逐步改善，但其宜居性还是不高，原因是这些城市受自然环境的影响最直接（比如遭遇洪水和热浪等极端天气事件），而其抗灾能力和应对危机的能力还比较弱。

以上是对西方国家的城市幸福感排名的讨论。其实，中国也有一些与之类似的城市综合性排名。比如，华顿经济研究院编制发布的年度“中国百强城市排行榜”，它根据国家统计局数据，结合经济和非经济两大系列指标综合测算；中央广播电视总台“中国经济生活大调查”活动所发布的“中国十大美好生活城市”榜单，由获得感、幸福感、安全感3个一级指标构成，并通过问卷的方式收集数据。比较而言，“中国最具幸福感城市”榜单是中国最具影响力、最广为人知的城市幸福感排行榜。

“中国最具幸福感城市”评选与《2020中国城市幸福感报告》

在中国，“幸福城市”“城市幸福感”的话题于2005年首次提出。“幸福”这个概念一经提出，就以极为迅猛的速度传播到中国社会的各个领域。传媒领域，从2007年开始，“中国最具幸福感城市”调查推选每年如期举办。学术界关于幸福感话题的研究也从心理学、社会学扩散到了经济学、城市学以及其他学科。此外，系统研究“幸福”概念的山东大学教授邢占军也表示，2005年之前，“幸福”研究几乎无法影响政府决策；而2005年以后，“幸福”的作用开始受到决策者的关注。

由新华社《瞭望东方周刊》与瞭望智库共同主办的“中国最具幸福感城市”调查推选活动，从2007年启动，迄今已连续举办14届。2020年，以“人民城市，幸福小康”为主题的报告《2020中国城市幸福感报告》，也受到了广大媒体、各级政府甚至全国人民的热情关注。我们以2020年“中国最具幸福感城市”调查推选以及《2020中国城市幸福感报告》为例，对该排名体系进行介绍。

2020年“中国最具幸福感城市”调查推选活动，始于2020年8月，至10月底结束，最终收回将近120万份问卷，采集到的城市画像和行为数据超过10万亿条。结合2020年的特殊形势，评价指标中纳入了抗疫专项指数，以及城市应急管理能力指标。这次调查推选活动通过大数据采集、问卷调查、材料申报、实地调研、专家评审等方法进行。大数据采集依据科学的指标体系，通过网络抓取与幸福感有关的城市画像和人的行为数据，从而得出大数据分析结果。问卷调查采用网络调查方式进行，通过被调查者对其生活城市各方面的主观感受，采用李克特量表进行问卷调查。李克特量表是由一组对某事物的态度或看法的陈述组成，请被调查者在“很不同意”“不同意”“一般”“同意”“非常同意”中打分（“很不同意”代表1分，依次递增，“非常同意”代表5分）。通过这种方式，测量市民对所在城市各个具体方面的感受，包括对收入、交通、医疗、教育、安全、环境、城市吸引力、城市生活品质等方面的幸福感受。材料由各城市自行申报，并经专家审核。最终调查结果以公众主观调查与客观数据调查相结合、专业评审委员会共同确认的方式产生。在选取100个地级及以上城市和100个县级城市（区）时，调研组也进行了充分考量，参考了中国社科院财经战略研究院等机构历年发布的《中国城市竞争力报告》以及由中国社科院主管的中小城市经济发展委员会等机构发布的“2019 年度全国综合实力百强县市（区）”等名单。

评估结果主要包括不同城市的总体幸福度和具体幸福度。方法是：以城市幸福感指标体系为坐标，根据大数据采集、问卷调查、材料申报、专家评审、实地调研等数据和材料汇总，考察教育、交通、就业、居民收入、医疗健康、生活品质、生态环境、城市吸引力等 9 个方面的具体城市幸福度，最后将各指标的分数加总（权重一致），计算该城市的总体幸福度。这种测算法与盖洛普公司的全球幸福感指标（healthways global wellbeing index）的测算方法类似，后者将幸福感分为职业、社交、财务、社区、身体等 5 个不同领域进行评估，调查对象在 0 ～ 10 分中选择，以匹配自身的幸福程度。

值得一提的是，2020 年“中国最具幸福感城市”调查推选中的每个一级指标都由一个城市居民的获得感维度问题和一个对政府治理评价的维度问题组成（以生态环境指标为例：城市居民获得感维度——“我所在的城市自然环境好，可以深呼吸”；政府治理的维度——“我对所在城市的生态治理很满意”）。考虑到不同类型的城市在资源、规模、功能等方面的不同需求，最终的报告呈现了 4 个不同的排行，即省会级及计划单列市的排行、地级市的排行、县级市的排行以及城区的排行。与前述的《全球宜居指数报告》不同，《2020 中国城市幸福感报告》只列出每个类别中的前 10 名。

限于篇幅，这里主要讨论省会级及计划单列市的排行结果。最终进入总体幸福度排名前 10 位的城市分别是成都、杭州、宁波、广州、长沙、南京、郑州、西宁、青岛、西安，其得分为 4.35 ～ 4.05 分。其中首次进入前 10 名的城市为郑州和西宁，而持续入围总体幸福度前 3 名的城市是成都、杭州、宁波。在教育、医疗健康、就业以及城市吸引力的具体幸福度中，成都均位列第一；杭州在生态和生活品质这两个幸福感维度位列第一；广州在居民收入和交通的具体幸福感维度位列第一；宁波在安全指标的具体幸福感维度位列第一。值得关注的是，宁波和青岛作为计划单列市与省会城市一同排名，并仍然挺进前 10 名。另一个有趣的结果是，很多地级市（如温州、徐州）以及县级市（太仓、慈溪、长沙县等）的总体幸福度都超过省会城市及计划单列市的总体幸福度。讨论出现这种情况的原因，颇有意义。

《2020 中国城市幸福感报告》总结道："在多年的幸福城市调查中，我们发现，长三角和珠三角等沿海地区的城市，由于处于改革开放前沿和经济基础较好等区位优势，在幸福感城市测量结果中，往往更多地占据前列，中西部地区的城市优势不明显。从这个意义上说，城市幸福感发展还处于相对不平衡的状态，不过，本次调查结果发现，这种不平衡得到了一定程度的调整，沿海地区之外的城市更多进入最具幸福感城市之列。以西部城市成都为例，在近几年的调查结果中，成都一直占据冠军宝座。2020 年，郑州、营口、西宁等成为幸福城市新秀。"

相比于联合国的全球幸福城市排名，英国的全球宜居城市排名与"中国最具幸福感城市"的排名方法相似度更高：在调查评选中都是依据自己定义的好的城市的指标进行提问；纳入的指标基本一致，比如都涉及教育、医疗、基础设施 / 交通、稳定性 / 安全、文化和环境 / 生活品质、生态环境等指标。可见，不同国家对于客观上哪些因素会影响城市居民的生活品质是有着基本的共识的。不过在评分时，全球宜居城市排名主要是由经济学人智库的研究员对不同的维度进行评分，"中国最具幸福感城市"排名是由居民自己对不同指标的内容进行评价，再结合大数据以及专家评审意见得到最终分数。

2015 年《全球宜居指数报告》中，北京、天津、苏州、上海、深圳、大连、广州、青岛均上榜，但排名位于中后段。在这 8 个城市中，北京排第 1 位，在整个排名中居第 69 位。表 1 汇总了 8 个城市各项指标得分情况，我们可以看到，这 8 个城市的稳定性指标和基础设施指标的评分相对较高，稳定性指标尤其突出，而医疗保健、文化与环境以及教育这 3 个指标的评分相对偏低。从表 1 中还可以发现，北京的教育指标评分最高，上海的文化与环境指标评分最高，广州和上海的城市稳定性相对偏低，而天津和苏州的稳定性较高。虽然我们并不知道经济学人智库的研究员是如何给不同的指标打分的，但是其大体刻画出的中国不同城市的形象也还是符合大众预期的。

表 1　北京等 8 个城市各项指标得分情况

城市	排名	总分	稳定性指标分值	医疗保健指标分值	文化与环境指标分值	教育指标分值	基础设施指标分值
北京	69	76.2	80.0	66.7	69.4	83.3	85.7
天津	70	76.0	90.0	66.7	65.3	66.7	85.7
苏州	71	75.5	90.0	70.8	60.2	66.7	85.7
上海	78	73.2	75.0	66.7	74.3	75.0	75.0
深圳	81	72.8	85.0	62.5	63.7	66.7	82.1
大连	85	70.9	85.0	62.5	62.0	66.7	75.0
广州	90	69.4	75.0	62.5	64.6	66.7	76.8
青岛	98	67.3	85.0	58.3	60.0	58.3	67.9

8 个城市中，只有 2 个城市与 2020 年“中国最具幸福感城市”中的前 10 名重合。它们分别是广州和青岛：广州在全球榜单中排第 90 位，在中国榜单中排第 4 位；青岛在全球榜单中排第 98 位，在中国榜单中排第 9 位。2020 年“中国最具幸福感城市”中位居前 3 名的成都、杭州和宁波，都没有进入全球宜居城市榜单。原因可能是多方面的，不过城市国际化程度是主要因素。毕竟，英国发布《全球宜居指数报告》的一个重要目的是给外国政府和企业家去别国投资或生活提供信息参考以及相关建议，所以研究人员会对对外开放程度更高的城市更有兴趣、更加偏好。这也意味着，如果我们不了解城市排名机构的调研宗旨、背景，仅凭现成的评估结论就作出判断，往往容易偏离实际状况。比如，《全球宜居指数报告》认为北京是中国幸福感最高的城市，就未必是符合实际的。

2020 年《全球幸福指数报告》中，上海（5.936 分）、广州（5.761 分）和北京（5.228 分）入选。前文已述及，其测量方法是：被调查者想象自己面对一列阶梯，阶梯底部赋值为 0，顶部赋值为 10；0 代表最坏的生活，10 代表可能的最好生活。2020 年，杭州市委市政府咨询委员会在一项“关于坚持以人民为中心，提升杭州最具幸福感城市品质的思路对策研究”中，也运用了这种方式测量杭州居民的生活满意度。在 2020 年 11 月收到的 1283 份有效问卷中，杭州居民的生活满意度平均值为 7.26 分。这个数值远高于 2020 年《全球幸福指数报告》中上海、广州和北京的分数（皆低于 6 分）。这个差异，可能是因为杭州人民的主观幸福感本身就高于以上城市；也有可能是因为，我国人民幸福感逐年增加，导致 2020 年的幸福感数值本身就优于 2014—2018 年的幸福感数值；还有可能是因为，两份报告的调查对象有着明显不同，或者是调查对象针对不同性质问卷（比如国内问卷与国外问卷）的回答存在差异。鉴于此，未来的研究者在设计问卷、分析数据时，都要考虑这些可能影响结果的潜在因素。同时，这表明在看待西方的调研结果时，要结合不同问卷的不同数据来源、研究方法，批判性地进行理解。这也使得设计一份中国人自己的、系统性的、有公信力的城市幸福感排行榜单，势在必行。

我们清晰地阐明了西方国家编制的《全球幸福指数报告》主要基于主观幸福感，旨在呈现城市个体的主观感受；而《全球宜居指数报告》主要基于客观的指标，旨在呈现不同城市的生活状况的排行。当我们将“中国最具幸福感城市”排行与前两个排行进行比较，会发现该排行在某种程度上主观与客观的结合，在幸福感调查和排行榜设计中，这样一种方式是具有创新性的。也因此，“中国最具幸福感城市”排名连续 14 年都备受关注，在中国形形色色的城市排行榜中独树一帜，牢牢占据了最具影响力排行榜的地位。同时，这个排行也具有了产生国际影响的潜力。

幸福感，特别是城市幸福感的度量依然是一个充满挑战性的问题，需要在指标确定的学理基础、度量的准确性、赋权的合理性、模型算法的科学性方面继续深入研究。建立具有中国自主知识产权并有较大国际公信力和影响力的幸福城市排行体系，是摆在中国相关机构和学者面前的重大课题。一方面，我们必须博采众长，在比较的基础上借鉴国际排行榜的优长；另一方面，我们必须充分考虑中国乃至全球城市在规划、建设、发展、管理等方面的前瞻性要求以及居民日益提高的生活品质需求。只有综合这两个方面，我们才有可能形成一套具有中国特色且适用于国际比较的幸福感城市评价体系。我们欣喜地看到，国内一些研究机构已经开始行动起来，比如中国幸福城市杭州研究中心的专家正在以杭州市域为对象，探索进一步改进和完善“中国最具幸福感城市”调查评价体系的可能方案。

文 / 周婉滢

剑桥大学心理学与教育学博士（在读），宾夕法尼亚大学心理健康与咨询专业硕士，主要从事幸福感、社会行为以及心理咨询等研究。